AF286681

Georg Bremer

HEFTCHENHELDEN

Eine kurze Geschichte der Comics

Georg Bremer

HEFTCHENHELDEN

Eine kurze Geschichte der Comics

Die Deutsche Bibliothek – CIP-Einheitsaufnahme:
Bremer, Georg
Heftchenhelden – Eine kurze Geschichte der Comics
Books on Demand (BoD), 2011

Layout: Marco Niemz, Basel
Titelbild: The Yellow Kid, Comic-Figur von 1897
Quelle: Wikipedia Commons {{PD-old}

© 2011 by Georg Bremer, München
Herstellung und Verlag: Books on Demand GmbH, Norderstedt
Printed in Germany
ISBN 978-3-842331150

Inhalt

Vorwort

Dieses Buch ist eher zufällig entstanden. Als ich an meinem neuen Sachbuch »Abenteuer und Begegnungen« arbeitete und einige Kapitel über die Abenteuerlektüre meiner Kindheit schrieb, kamen mir neben den Jugendklassikern wie Defoes *Robinson Crusoe* und Stevensons *Schatzinsel* auch wieder die Comic-Hefte in den Sinn, die wir als Kinder in den 1950er Jahren verschlungen hatten. Plötzlich standen mir wieder die Piccolohefte von Tarzan, Akim, Sigurd und Prinz Eisenherz lebendig vor Augen – und wie hießen noch all die anderen? Ich verspürte ein nostalgisches Gefühl, und so erging es auch Freunden, als wir über die Heftchenhelden von einst redeten. Und wir erinnerten uns wieder an diese lustvolle Neugierde, die uns immer überkam, wenn wir uns am Erscheinungstag unserer Lieblingshefte begierig vorm Kiosk oder an der Ladentheke drängelten und unser Taschengeld für das ausgaben, was unsere Eltern und Lehrer abschätzig »Schund« nannten.

Als Kind fragte man sich nicht, wie diese Comics zustandekommen und und wer und was dahintersteckt. Erst jetzt, im Rückblick, gewann ich durch vielerlei Recherchen ein Gesamtbild mit manch aufschlußreichen Hintergrundgeschichten, das hoffentlich auch dem Leser schmeckt, so wie prickelndes Brausepulver, das in der Kindheit zum Comic-Lesen gehörte wie der Dschungelschrei zu Tarzan: »Aaaeeeoo!«

Georg Bremer
München, im August 2011

7

Definition

Comics müssen nicht unbedingt komisch sein, wie der Wortstamm vermuten läßt. Laut Knaurs Fremdwörterlexikon sind sie »gezeichnete Bildergeschichten komischen oder abenteuerlichen Inhalts«. Und gemäß der Definition des bekannten amerikanischen Comic-Theoretikers Scott McCloud (*Comics richtig lesen*, 1993) ist ein Comic »eine sequentiell angeordnete Synthese von Text und Bild.« Die Betonung liegt auf Sequenz im Sinne einer Abfolge von Bildern.

Bildergeschichten

Im Grunde gehören Bildergeschichten zu den ältesten menschlichen Erzählweisen. Sie finden sich beispielsweise auf altägyptischen, um 1410 v. Chr. geschaffenen Wandbilderreihen in der Grabkammer des Menna in Theben, auf den 183 Meter langen Spiralfriesen der römischen Trajanssäule und auf den betexteten Szenen des 68 Meter langen Bildteppichs von Bayeux aus dem 11. Jh. Auch in Kirchen und auf christlichen Handschriften gibt es viele sakrale Darstellungen mit comic-artigem Charakter. Ein prägnantes Beispiel ist die *Wiener Genesis*, ein im 6. Jh. in Syrien entstandener christlicher Kodex mit 48 Miniaturen, die unter dem Text stehen. Und in der »Salzburger Malerschule« schufen Mönche im 12./13. Jh. textarme biblische Bildfolgen, deren Sinn auch Analphabeten verstehen konnten.

Im präkolumbianischen Mexiko wiederum meißelten indianische Künstler Bildergeschichten mit Schriftzeichen in Stein.

Japanische Mangas

Besonders starke Verbreitung fanden beschriftete Bildergeschichten seit jeher in Japan. Japanische Mönche zeichneten sie seit dem frühen Mittelalter auf Papierrollen, wobei schon comicstripartige Sequenzen entstanden, zum Beispiel die Karikaturen des Mönchs Sojo Toba (1053–1140), auf denen sich Tiere wie Mönche benehmen. Ab dem 17. Jh. wurden Holzschnitt-Bildergeschichten mit satirischen und teilweise deftigen sexuellen Inhalten populär, die sogenannten Ukiyo-e. Der Ukiyo-e-Meister Hokusai (1760–1849) prägte dafür den Begriff *Manga*.

Die modernen Mangas kamen in Japan etwa um 1900 auf und gelten dort für alle Arten von Comics. Sie werden heute in Form von Vier-Bilder-Mangas, Manga-Magazinen und Manga-Taschenbüchern in so hohen Auflagen hergestellt, daß sie 40 % des japanischen Druckwesens ausmachen, und man spottet, Japan würde mehr Papier für seine Mangas als für sein Toilettenpapier verbrauchen. Als Großmeister zeitgenössischer Mangas gilt der 1954 geborene japanische Zeichner Katsuhiro Otomo, der auch als Filmregisseur und Drehbuchautor reüssierte. Seine Hauptwerke sind *Das Selbstmordparadies* (1980/81) und der 2000 Seiten lange, auch als Film weltweit bekannte Science-Fiction-Comic *Akira* (1982–1990).

Auf dem europäischen Comic-Markt fassten Mangas seit den 1970er Jahren Fuß. Ein Wegbereiter von Manga-Serien in Deutschland ist seit 1991 der Comics-Herausgeber Andreas C. Knigge.

Punch und Cartoons

In Europa tauchten humoristische Bildergeschichten in Satireblättern wie der 1841 in London gegründeten Zeitschrift *Punch* auf. Der *Punch* erfand auch die Bezeichnung *Cartoon* für witzige Einzelbilder; man zeichnete sie ursprünglich auf Karton, daher der Name. In Deutschland wurden die ersten Cartoons von den Satireblättern *Kladderadatsch* (gegründet 1848), *Nebelspalter* (gegr. 1875) und *Simplicissimus* (gegr. 1896) gedruckt. Bekannte Cartoonisten sind u. a. Olaf Gulbransson, Hans Traxler, Tomi Ungerer, Kurt Halbritter und Loriot. Cartoons stellen eine eigene Kunstform dar. Comics hingegen müssen aus mindestens zwei Bildern bestehen, also eine Sequenz bilden.

Titelseite des Satiremagazins *Punch* (1867)

Quelle: Wikipedia Commons
Verwendung gemäß den Lizenzbestimmungen
der GNU für freie Dokumentation
{{PD-old/da}}

Töpffers Panels

Ein bedeutender Vorreiter des modernen Comic war Rodolphe Töpffer (1799–1846), ein zeichnerisch begabter Genfer Pensionatsleiter und Rhetorikprofessor. In seinen humoristischen Bilderstreifen verwendete er erstmals Panels, die für Comics typischen gerahmten Einzelbilder in den Sequenzen, und der dazugehörige Text stand in den »Kästchen«.

Töpffer schuf skurrile Figuren wie *Monsieur Vieux Bois*, der sich aus Liebeskummer fortwährend umzubringen versucht und jedesmal scheitert. Oder er schildert die *Histoire de Monsieur Cryptogame*, der immerzu vor seiner Braut Elvira zu Land und zu Wasser flieht und jedesmal von ihr eingeholt wird. Goethe lobte Töpffer mit der Bemerkung: »Es funkelt alles von Talent und Geist.« Töpffer war in seiner Eigenschaft als Pädagoge auch einer der ersten, der Bildergeschichten speziell »für Kinder und die Massen« zeichnete, »weil es mehr Leute gibt, die gucken, als Leute, die lesen können«. Infolge dieser Erkenntnis veröffentlichte Töpffer 1845, ein Jahr vor seinem frühen Tod, mit seiner Schrift *Essai du physiognomie* eine Theorie des ironischen Erzählens in Bilderstreifen.

Rodolphe Töpffer (1799–1846)
Selbstbildnis von 1840

Quelle: Wikipedia Commons
{{PD-Art tag}

Der Spötter Wilhelm Busch

Der zweite »Urvater des modernen Comic« war unbestritten Wilhelm Busch (1832–1908).

Er wurde als erstes von sieben Kindern eines Kaufmanns im niedersächsischen Dorf Wiedensahl (bei Stadthagen) geboren, wo er bis zu seinem neunten Lebensjahr aufwuchs. Danach kam er nach Ebergötzen, einem Dorf bei Göttingen, in die Obhut seines Onkels, dem Pastor Georg Kleine, der ihn sechs Jahre lang erzog.

Nach einem abgebrochenen Maschinenbaustudium in Hannover wandte sich Wilhelm Busch der Malerei zu und besuchte nacheinander die Kunstakademien in Düsseldorf, Antwerpen und München.

In seiner ersten Münchner Zeit von 1854 bis 1869 genoß Wilhelm Busch ein feuchtfröhliches Künstlerleben. In den geselligen Künstlerverein *Jung-München* aufgenommen, erfreute sich der gutaussehende Dandy ob seines trockenen Humors großer Beliebtheit. In München fing Wilhelm Busch auch zu schreiben an, kleine Theaterstükke, Operettenlibretti und Gedichte.

Aber vor allem erblühte sein Talent für das Karikaturenzeichnen. Bei dem Münchner Verlag der innovativen Holzschnittdrucker Caspar Braun und Friedrich Schneider fand Busch 1858 als Karikaturist und Vershumorist seinen ersten Brotberuf. Braun & Schneider gaben zwei höchst erfolgreiche humoristische Blätter heraus: den *Münchner Bilderbogen,* eine Serie von Einblattdrucken, und seit 1844 die reichbebilderte satirische Wochenschrift *Fliegende Blätter.* Außer Wilhelm Busch arbeiteten an diesen beiden Blättern so namhafte Künstler wie Carl Spitzweg,

Moritz von Schwind und der *Kasperle*-Erfinder Franz Graf von Pocci mit. Aus der in den *Fliegenden Blättern* parodierten spießbürgerlichen Serienfigur Gottlieb Biedermaier leitete man im nachhinein gar die Bezeichnung Biedermeier für die Epoche von 1815 bis 1848 ab.

In den ersten fünf Jahren bei Braun & Schneider lieferte Wilhelm Busch ihnen etwa 130 illustrierte Humoresken, ehe ihm mit der von ihm selbst gezeichneten und in Knittelversen gereimten Bildergeschichte *Max und Moritz* der große Wurf gelang. Sie erschien am 4. April 1865. Caspar Braun zahlte im dafür tausend Gulden bzw. 1700 Goldmark, ein relativ geringes Honorar, zumal der Verleger an den ihm abgetretenen Rechten ein Vermögen verdiente. *Max und Moritz* wurde bald weltweit eines der beliebtesten Werke der Kinderliteratur und noch zu Buschs Lebzeiten in zehn Sprachen übersetzt, darunter 1887 ins Japanische.

Die Streiche von Max und Moritz haben teilweise einen realen Hintergrund. Als Lausbuben heckten Wilhelm Busch und sein Schulfreund Erich Bachmann in Ebergötzen selbst allerlei Streiche aus. Die beiden blieben einander lebenslang verbunden. Erich war der Sohn des ortsansässigen Müllers; kein Wunder, daß auch die Bachmannsche Mühle in *Max und Moritz* eine Rolle spielt – im siebten und letzten Streich war es »vorbei mit der Übeltäterei«. Die Wilhelm-Busch-Mühle, wie sie seither heißt, ist nach wie vor eine Sehenswürdigkeit in Ebergötzen.

In den nächsten zwei Jahrzehnten vermehrte Wilhelm Busch mit weiteren humoristischen Bildergeschichten seinen Ruhm: Am bekanntesten wurden *Hans Huckebein, der Unglücksrabe* (1867), *Die fromme Helene* (1872),

Herr und Frau Knopp (1876), *Fipps der Affe* (1879), *Plisch und Plum* (1882) und *Maler Klecksel* (1884). Von 1872 bis 1904 erschienen alle Werke Wilhelm Buschs im Verlag seines Freundes Otto Bassermann.

1872 ließ sich Wilhelm Busch in seinem Geburtsort Wiedensahl nieder, hielt sich danach aber wieder mehrmals in München auf, wo er 1877 ein Atelier in der Karlstraße einrichtete. Mit prominenten Mitgliedern der Münchner Künstlergesellschaft *Allotria* pflegte er langwährende Freundschaften, so mit den Malern Friedrich August von Kaulbach und Franz von Lenbach, dem Architekten Lorenz Gedon, dem Publizisten Paul Lindau und dem Wagner-Dirigenten Hermann Levi.

Am 11. April 1881 kam es zu einem Skandal. Im Münchner Künstlerhaus störte Wilhelm Busch die Vorführungen eines Hypnotiseurs, und bei dem anschließenden Abendessen in einem Restaurant klatschte er die Speisen an die Wand. Am nächsten Tag reiste er ab und ward nie wieder in München gesehen.

Wilhelm Busch zog sich nun endgültig nach Wiedensahl zurück, wo er im Pfarrwitwenhaus mit seiner Schwester Fanny (1834–1922) und ihren Kindern wohnte. Allmählich entwickelte er sich zum Eigenbrötler, mied die Gesellschaft und gelangte unter dem Einfluß der philosophischen Werke Schopenhauers zu einem pessimistischen Menschenbild. Er scheute Liebesbeziehungen und heiratete nie. Tiefere Gefühle zum anderen Geschlecht hegte er, soweit bekannt, wohl nur gegenüber der Frankfurter Bankiersgattin Johanna Keßler, die er 1869 kennenlernte. Ein Laster wurde er nie los: Er rauchte täglich etwa fünfzig selbstgedrehte Zigaretten und zog sich zweimal Nikotinvergiftungen zu.

Nach 1884 erlosch seine Lust am Entwerfen humoristischer Bildergeschichten. Aber er schrieb und zeichnete weiter, malte nun vor allem Ölbilder in expressivem Stil.

1898 siedelte Wilhelm Busch mit Fanny in das Pfarrhaus seines Neffen, Pastor Otto Nöldeke, in Mechtshausen am Harz über. Dort starb der »weise Spötter« am 9. Januar 1908 im Alter von 75 Jahren an Herzversagen.

Wilhelm Busch (1832–1908)

Quelle: Wikipedia Commons
Foto von Ernst Hanfstaengl, München, 1878
{{PD-old}}

Max und Moritz

Quelle: Wikipedia Commons
Zeichnung von Wilhelm Busch
{{PD-old}}

Carl Spitzweg (1808–1885)
lieferte für die *Fliegenden Blätter* seit 1844
viele humoristische Zeichnungen

Quelle: Wikipedia Commons
Foto von Franz Hanfstaengl um 1860
{{PD-old}}

Kopftitel der Wochenschrift
Fliegende Blätter
von 1844

Quelle: Wikipedia Commons
{{PD-old}}

Comicstrips

Die Stilelemente von *Max und Moritz* wurden wegweisend für den modernen Comic und vielfach nachgeahmt, einschließlich der von Wilhelm Busch eingeführten Lautmalereien wie *rickeracke!*

In England tauchte als erste Comic-Figur *Ally Sloper* auf, und zwar in der Ausgabe des Satiremagazins *Judy* vom 14. August 1867. Die Bildergeschichte vom rüden, rotnasigen Trunkenbold Ally Sloper wurde von Charles Ross und seiner Ehefrau Marie Duval entwickelt und blieb jahrzehntelang in England ungemein populär.

Die Franzosen halten die von George Colomb 1889 kreierte Bildergeschichte *La famille Fenouillard* für ihren ersten modernen Comic.

Als 1871 in den USA die erste amerikanische Ausgabe von *Max und Moritz* erschien, nannte man diese neuartige Gattung *Funnies* – nicht zu verwechseln mit Cartoons. Es dauerte jedoch noch 25 Jahre, bis die Amerikaner eine unverwechselbare eigene Variante der Comics schufen – die sogenannten *Comicstrips*, die komischen Streifen. Sie unterscheiden sich durch bestimmte Merkmale von Comics nach Art von *Max und Moritz*.

Während Wilhelm Busch gereimte Verse unter die Bildergeschichten setzte, werden beim Comicstrip die erläuternden Texte als Sprechblasendialoge (»balloons«) in die Bilder eingefügt; später kamen noch Denkblasen und Flüsterblasen hinzu. Anstelle von Buschs Lautmalereien verwenden die Comicstrips knallige Pengwörter wie Whaam, Bang, Crash oder Wumm.

Allgemein sind auch die Plots von Comicstrips simpler als die Handlungsabläufe europäischer Comics, die zudem oft satirischen Biß haben. Kritiker bemäkeln, die Comicstrips amerikanischer Machart seien »Literatur der Analphabeten« (so die Londoner *Times*), und statt der Bilderbogen konsumiere der Leser Bilderdrogen und »Baby-Hieroglyphen«. Obendrein wollen Moralisten einen Zusammenhang zwischen dem Anstieg der Jugendkriminalität und Gewaltdarstellungen in Comicstrips sehen.

In den USA erschienen Comics in den ersten vier Jahrzehnten fast nur in Zeitungen. Erst seit 1935 breiteten sie sich zudem in Form von Heften und Büchern aus. Allmählich entwickelten sich bestimmte Comic-Formate, und zwar in folgender Reihenfolge von klein nach groß: Kolibri, Piccolo, Kleinband, US-Standardformat, Großband, Großband mit Überformat, Album, Taschenbuch und Buch in beliebigen Größen und Beschaffenheiten.

Made by Hearst

Als erster echt amerikanischer Comicstrip gilt die farbige Bildergeschichte *The Yellow Kid*, die 1895 in Joseph Pulitzers Zeitung *New York World* erschien. Die Hauptfigur Mickey Dugan ist ein Kind, das ein leuchtend gelbes Nachthemd trägt, auf dem infantile Äußerungen in Textform stehen, in einem komischen Gassenjargon, der besonders die Unterschichten ansprach.

Ersonnen wurde *The Yellow Kid* von Richard Felton Outcault (1863–1928), der 1889 als technischer Zeichner für Thomas Alva Edison gearbeitet und seit 1890 für verschiedene US-Zeitschriften Cartoons gezeichnet hatte, bis er 1894 von Pulitzer eine Festanstellung bekam.

The Yellow Kid wurde ein so großer Erfolg, daß der amerikanische Zeitungskönig William Randolph Hearst (1863–1951) – das Vorbild für Orson Wells' Filmfigur *Citizen Kane* – vor Neid erblaßte und Outcault für ein hohes Honorar abwarb. Von 1897 an veröffentlichte Outcault seine Comicstrip-Serie *The Yellow Kid* in Hearsts *New York Journal*, was eine rasche Auflagensteigerung des Blattes bewirkte, aber auch einen langen heftigen Rechtsstreit zwischen Pulitzer und Hearst entfachte. Geblieben ist eines: Von *The Yellow Kid* leitet sich der Begriff *Yellow Press* für Boulevardblätter ab.

Den zweiten Riesenerfolg verbuchte Hearst mit der Comicstrip-Serie *The Katzenjammer Kids*. Sie startete im Dezember 1897 im *American Humorist*, der Sonntagsbeilage des *New York Journal*. Ihr Schöpfer war der deutschstämmige, in der holsteinischen Kreisstadt Heide

geborene Zeichner Rudolph Dirks (1877–1968). Da sowohl Dirks als auch Hearst aus nostalgischen Kindheits-
erinnerungen heraus Wilhelm Busch verehrten, entstanden die *Katzenjammer Kids* nach dem Muster von *Max
und Moritz*. Dementsprechend stehen im Mittelpunkt die
aufsässigen Zwillinge Hans und Fritz, die allerlei Streiche
aushecken, und auch die meisten anderen Figuren spre-
chen Englisch mit einem deutschen Akzent. *The Katzenjammer Kids* wurde ein Longseller und erscheint heute
noch. Es ist somit der älteste noch existierende amerikanische Comicstrip.

Hearst machte einen weiteren Glücksgriff, als er den von
ihm bewunderten Illustrator George Joseph Herriman
(1880–1944) anstellte. Herriman hatte zuvor schon ein
Dutzend Comic-Serien und allerlei Karikaturen für verschiedene amerikanische Zeitungen gezeichnet. Bei
Hearst entfaltete er sein ganzes Genie mit der Comic-
Serie *Krazy Kat*, die über 30 Jahre lang in vielen Hearst-
Zeitungen lief, von 1913 bis zu Herrimans Tode im Jahre
1944.

Der Plot: Die friedliche Katze Krazy verfolgt verliebt
den zynischen Mäuserich Ignatz, der sie ständig mit Zie-
gelsteinen bewirft, während der in Krazy verliebte Polizei-
hund Offisa Pupp regelmäßig Ignatz zusetzt. Der Schauplatz der grotesken Dreiecksbeziehung ist Coconino
County, eine surreal anmutende Landschaft voller Tiere
und Pflanzen mit absonderlichen Verhaltensweisen – Herriman ließ sich stark von der Kunst der Navajo-Indianer
inspirieren, die er in Arizona häufig aufsuchte.

Die frühen Folgen von *Krazy Kat* waren Meisterwerke, die Künstler wie Picasso und Autoren wie Gertrude Stein, Jack Kerouac und Umberto Eco begeisterten. Um *Krazy Kat* drehte sich 1916 sogar ein Zeichentrickfilm und 1922 ein Ballett.

Aufgrund der in der Comic-Pionierzeit erzielten Volltreffer führte Hearst zuerst in den Sonntagsbeilagen, später auch in den Werktagsausgaben seiner Zeitungen Comicstrips ein. Bei seinem Tode im Jahre 1951 besaß er 38 Zeitungen. Und weil die anderen Zeitungen ihm nacheiferten, begann um 1900 der Siegeszug der Comicstrips, der bis heute anhält.

William Randolph Hearst
(Foto von 1906)

Quelle: Wikipedia Commons
{{PD-US /ccs}}

Disneys komische Welt

Seit Herrimans animalischer *Amour fou* erfreuten sich anthropomorphe sprechende Tiere in Comicstrips wachsender Beliebtheit. Ohne sie wäre Walt Disneys Imperium kaum denkbar, sie tummeln sich in seinen Comicstrips, Zeichentrickfilmen und Disneyland-Vergnügungsparks. Überdies schufen die Walt Disney Productions zahlreiche preisgekrönte Spielfilme und Naturfilme, die insgesamt 26 Oscars gewannen.

Walt Disney (1901–1965) begann als Zeichner und Kurz- und Werbefilmer. Mit seinem kongenialen Art Director Ub Iwerks konzipierte er die Comic-Heft- und Zeichentrickfigur Mickey Mouse (deutsch: Micky Maus). Als ihr Geburtstag gilt der 18. November 1928, als Mickey Mouse mit *Steamboat Willie*, dem ersten Zeichentrickfilm mit Ton, in New York in die Kinos kam. Zwei Jahre später, im Januar 1930, erschienen die ersten Comicstrips mit Mickey Mouse in amerikanischen Zeitungen, und bald darauf gingen sie um die Welt. Walt Disney erhielt schon 1932 einen Ehrenoscar für die Erschaffung von Mickey Mouse, die seither in etwa 120 Animationsfilmen die Hauptrolle spielte.

Mit Donald Duck folgte die zweite große Comic-Ikone aus dem Hause Disney. Der kratzbürstige Enterich erschien erstmals am 9. Juli 1934 in Disneys Zeichentrickfilm *Die kluge kleine Henne*, in dem er noch eine Nebenrolle spielte. Erst mit dem Kurzfilm *Don Donald*, der am 9. Januar 1937 uraufgeführt wurde, bekam er eine eigene Reihe.

Der Donald-Duck-Film *Der Fuehrer's Face*, eine Persi-
flage auf das Naziregime, erhielt 1943 einen Oscar als
bester Kurzfilm.

Als notorischer Pechvogel wurde Donald Duck natürlich an einem Freitag, dem 13. März geboren, worauf
auch sein Autokennzeichen 313 hinweist. Er ist ein fauler
Prahlhans und Chaot, der im Daseinskampf ständig auf
den Schnabel fällt und daher in Wutanfällen explodiert.
Ferner gab Walt Disney als Charaktereigenschaften des
quasselnden Quakers vor, er sei streitsüchtig, launisch,
hämisch, schrill, cholerisch und gemein. Er hatte also eine
ähnliche Vorstellung von Donald Duck wie Wolfgang
Menge von seiner Fernsehfigur des »Ekels« Alfred Tetz-
laff. Die Comicstrips über Donald Duck und seine Dauer-
verlobte Daisy erschienen zunächst in Zeitungen und
Nachdrucken und wurden von Al Taliaferro gezeichnet.

Aber auch Carl Barks, Disneys bekanntester Comic- und
Trickfilmzeichner, wirkte schon an der Kreation der Sippe
aus Entenhausen mit. Er hatte in dem Kurzfilm *Donald's
Nephews* von 1938 die gewitzten drei Neffen Tick, Trick
und Track (im engl. Original Huey, Dewey und Louie) ein-
geführt. Carl Barks (1901–2000) wuchs auf einer Ranch
in Ohio auf und übte sich von seinem zehnten Lebensjahr
an als Zeichner. Er schlug sich mit etlichen Jobs durch,
bevor er 1935 von Disney als Zeichner und Storyentwick-
ler angestellt wurde.

Von Ende 1942 an konzipierte und zeichnete »the
good artist«, wie der anonym bleibende Barks von Fans
genannt wurde, längere Donald-Duck-Geschichten in
Comic-Heften für den Disney-Lizenzverlag *Western Pu-*

blishing. Barks war der eigentliche Spiritus rector der Reihe, vom Storyboard (Visualisierung eines Konzeptes) bis zur fertigen Zeichnung stammte alles von ihm. Außerdem fügt er weitere originelle Figuren hinzu. Das waren Donald Ducks steinreicher, geiziger Onkel Dagobert Duck (1947), sein stets vom Glück begünstigter geckenhafter Vetter Gustav Ganz (1948), die gerissene Panzerknackerbande (1951), der verschrobene Erfinder Daniel Düsentrieb (1952) und zuletzt noch seine Erzfeindin Gundel Gaukeley (1961).

Carl Barks ging mit 66 Jahren in Rente, arbeitete aber als freischaffender Künstler weiter, indem er Comic-Ideen lieferte, 120 Ölgemälde sowie Porzellan- und Bronzefiguren mit Donald-Duck-Motiven entwarf. Ein Donald-Duck-Ölbild von ihm wurde schon 1980 für 42.000 Dollar versteigert. Im biblischen Alter von 99 Jahren starb er an Leukämie.

In Deutschland erschien die Reihe der Hefte von Micky Maus, die anfangs auch die Donald-Duck-Geschichten enthielten, seit dem 29. August 1951 in dem Stuttgarter Ehapa Verlag.

Für die Eindeutschung sorgte Dr. Erika Fuchs (1906–2005). Sie war eine promovierte Kunsthistorikerin und lebte mit ihrem Mann, einem Fabrikanten und TU-Professor, in München. In den ersten Nachkriegsjahren arbeitete sie zunächst als Übersetzerin für *Reader's Digest.* Von 1951 bis 1988 war sie Chefredakteurin der deutschen Micky-Maus- und Donald-Duck-Hefte. Ungemein belesen und kreativ, bereicherte Erika Fuchs die Comic-Welt um saukomische Wortschöpfungen und originelle Zitate. Nicht

wenige davon sind Gemeingut geworden, z. B. »Dem In-
geniör ist nichts zu schwör«.

Sie war eine Meisterin der Onomatopoesie, der Kunst,
tonnachahmende Verben auf den Wortstamm zu verkür-
zen, wie z. B. schluck, lechz, knarr, klirr. Lautmalereien,
die seelische Regungen ausdrücken, wie grübel oder zit-
ter, rangieren wiederum zu Ehren der Urheberin unter der
Bezeichnung Erikativ. Sie galt als »Superstar der Comic-
texter« (so die Zürcher *Weltwoche*). Für ihre Sprachklein-
odien wurde sie mit Literaturpreisen ausgezeichnet und in
zahlreichen Feuilletonartikeln gewürdigt. Natürlich wurde
sie auch Ehrenpräsidentin des Hamburger Vereins
D.O.N.A.L.D., das heißt *Deutsche Organisation nichtkom-
merzieller Anhänger des lauteren Donaldismus*.

Auf einer Promotion-Tour für seine Firma *Carl Barks
Studio* durch elf europäische Länder traf Barks auch Erika
Fuchs in ihrem Münchner Haus. Sie starb wie er mit 99
Jahren. Seufz!

Walt Disney (1901–1966)

Quelle: Wikipedia Commons
Foto von NASA, 1. Januar 1954
{{PD-USGov-NASA/ca}}

Carl Barks (Foto von 1982)

Quelle: Wikipedia Commons
Verwendung gemäß der Creative-Commons-Lizenz
Foto von Alan Light, 1982

Amerikanische Comic-Klassiker

Aus der Masse der Comic-Figuren, die den Konsumenten seit drei, vier Generationen beglücken, seien hier nur diejenigen skizziert, die dauerhaften Ruhm erlangten.

Little Nemo

Little Nemo – Kleiner Niemand – hieß die von Winsor McCay entworfene Comic-Reihe, die von 1905 bis 1911 in der Tageszeitung *New York Herald* erschien und von 1911 bis 1913 im *New York American* fortgesetzt wurde. Sie handelt von dem kleinen Jungen Nemo, der im Schlaf phantastische Abenteuer in Schlummerland erlebt und in gefährliche, oft aussichtslose Situationen gerät, bis er am Schluß jedesmal aufwacht. Die surrealen Traumszenarien sind stark vom damaligen Jugendstil geprägt. Mit dem 1992 gedrehten amerikanischen Animationsfilm *Little Nemo* erfuhr dieser frühe Comic-Klassiker eine Wiederbelebung.

Lyonel Feininger

Man mag kaum glauben, daß auch der berühmte deutsch-amerikanische Maler Lyonel Feininger (1871–1956) Comicstrips zeichnete. Seine kurzlebigen Serien *The Kin-der-Kids* und *Wee Willi Winkie's* erschienen 1906 in der *Chicago Sunday Tribune.* Der Plot: Drei entlaufene deutsche Auswandererkinder werden von ihrer Tante und ihrem Cousin rund um die Welt verfolgt.

Feininger wirkte von 1919 bis 1933 als Grafiklehrer am *Bauhaus* in Weimar und Dessau und war ein Meister des

Kubismus. Von den Nazis wurden seine Gemälde, die großenteils in Deutschland entstanden, als *Entartete Kunst* gebrandmarkt. Er kehrte 1936 in seinen Geburtsort New York zurück, wo er im Alter von 84 Jahren starb.

Popeye

Elzie Crisler Segar (1894–1938) zeichnete seit 1919 für Hearsts Printmediensyndikat *King Features* die Comic-Serie *Thimble Theatre*, bevor er darin im Januar 1929 erstmals den kauzigen Seemann *Popeye* (d. h. *Glotzauge*) agieren ließ. Sein Markenzeichen: Für seine vielen Prügeleien schöpft Popeye Bärenkräfte, indem er dosenweise Spinat vertilgt – was den Umsatz der Spinatproduzenten in den 1930er Jahren um ein Drittel erhöhte. Nach dem frühen Tod von E. C. Segar führten verschiedene Zeichner die Popeye-Serie von 1938 bis heute weiter.

Der Spinatmatrose prügelte sich in zahllosen Comic-Heften, Zeitungsstrips und Animationsfilmen und trat manchmal auch unter anderen Namen auf, z. B. in der *Hamburger Morgenpost* als Kuddl Dutt. Als Held in einem deutschen Comic-Heft erschien Popeye erstmals 1953/1954, nämlich in der vom Aller Verlag herausgegebenen Heftserie *Buntes Allerlei*; darin hieß Popeye Schifferkarl.

Popeye
Der Spinatmatrose wurde 1929
von Elzie Crisler Segar erfunden

Quelle: Wikipedia Commons
Zeichnung von E. C. Segar, 1936
{{PD-old}}

Dick Tracy

Im Oktober 1931 begann *Dick Tracy* das Verbrechen in Chicago zu bekämpfen. Die ersten Daily Strips über den rauhbeinigen Detektiv, der in Chicago zur Polizei wechselte, erschienen in der *Chicago Tribune* und in dem dazugehörigen *Detroit Mirror.* Chester Gould zeichnete die Storys um Dick Tracy bis 1977, danach wurden sie von seinen Assistenten fortgesetzt.

In dem 1990 gedrehten Spielfilm *Dick Tracy* wird der schießfreudige Polizist, der einem berüchtigten Gangsterboß das Handwerk legt, von Warren Beatty gespielt.

Milton Caniff

Ein Meister der Abenteuer- und Reisecomics war der preisgekrönte Zeichner und Storyerzähler Milton Caniff (1907–1988). Seine erfolgreichste Serie war *Terry and the Pirates*, die unter Caniff von 1934 bis 1946 in etwa 300 Zeitungen lief und von George Wunder von 1946 bis 1973 fortgesetzt wurde. Der Titelheld Jerry ist ein mutiger Junge, der mit Hilfe des Reporters Pat Ryan und des Chinesen Connie in einem ostasiatischen Land eine verschollene Goldmine sucht und gegen Schurken und die Drachenlady kämpft.

Terry and the Pirates lief in den 1940er Jahren als Spielfilmreihe und in den 1950er Jahren als Fernsehserie. Auf deutsch erschienen Geschichten um *Terry und die Piraten* von 1985 bis 1987 in Alben des Reiner Feest Verlags und 1991 im Carlsen Verlag. Der Comic-Experte und Publizist Andreas C. Knigge preist *Terry and the Pirates* als »einen der besten und wichtigsten Abenteuerstrips in der Geschichte der Comics«, und der Sachbuchautor Rick Marschall nennt Milton Caniff ob seines grandiosen Zeichenstils »Rembrandt of Comic Strips«.

Eine ebenso langlebige Abenteuercomic-Serie brachte Milton Caniff mit *Steve Canyon*. Die Abenteuer des ehemaligen Air-Force-Piloten Steve Canyon erschienen von 1947 bis 1988 in 450 Zeitungen und wurden von 1958 bis 1960 in 34 halbstündigen Folgen einer Fernsehserie gezeigt. Auf deutsch erschienen Alben von *Steve Canyon* ebenfalls im Feest Verlag.

Milton Caniff starb mit 81 Jahren in New York an Lungenkrebs.

Tarzan

Tarzan war ein Geschöpf des amerikanischen Schriftstellers Edgar Rice Burroughs (1875–1950). Er war der Sohn eines Fabrikanten und Majors und fühlte sich in der ersten Hälfte seines Lebens als Versager.

Als Junge kränkelte »Eddy« oft und besuchte mehrere Privatschulen, auf denen ihn besonders Literatur interessierte. Nachdem er die Militärakademie in Michigan absolvierte hatte, wurde der Kavallerieoffiziersanwärter Burroughs wegen eines Herzfehlers aus der Armee entlassen. Er arbeitete auf der Rinderfarm seiner zwei älteren Brüder, versuchte sich als Goldgräber, Eisenbahnpolizist, Buchhalter und Wundermedizinverkäufer. Im Sommer 1911 ging er mit seinem Bleistiftspitzervertrieb pleite, konnte seine Frau Emma und seine zwei Kinder Joan und Hulbert nicht mehr ernähren und litt unter Depressionen. Da fing er zu schreiben an, was ihn rettete.

Das *All-Story Magazin* kaufte seine erste Fantasy-Fortsetzungsgeschichte für 400 Dollar. Sie hieß *A Princess of Mars* und war eine interplanetarische, auf dem Mars spielende Romanze, in der es zuging wie zwischen Weißen und Indianern im Wilden Westen.

Die von Frank Munsey gegründeten Magazine *Argosy* und *All-Story Magazin* gehörten zu den um 1900 in Mode kommenden Pulp-Magazinen, die den Groschenromanen des 19. Jahrhunderts nachfolgten. Pulps galten als Schund- und Trivialliteratur, enthielten aber auch Storys angesehener Autoren, so von Ray Bradbury, Arthur C. Clarke und Isaac Asimov. Bekannte Pulp-Figuren waren außer Tarzan z. B. Canon der Barbar, Doc Savage und Zorro.

Die Geschichte von Zorro, dem Rächer der Armen und Entrechteten, erschien ebenfalls im *All-Story*-Magazin, und zwar erstmals 1919 unter dem Titel *Der Fluch von Capistrano*. Erfunden hatte sie Johnston McCulley. Als Vorbild für Zorro (spanisch: Fuchs) diente ihm vermutlich der am 3. Mai 1903 getötete Jesús Malverde, ein mexikanischer Robin Hood, der bis heute als »El Santo Bandido« vom Volk verehrt wird. Als Titelheld von Comic-Heften kam Zorro bei Walt Disney von 1958 bis 1961 und auf deutsch bei Ehapa 1979–1981 heraus.

E. R. Burroughs' dritte Pulp-Story, die der *All Story Magazin*-Verleger Thomas Metcalf für 700 Dollar kaufte, handelte von Abenteuern eines Urwaldmenschen.

Burroughs machte keinen Hehl daraus, daß er die Grundidee Rudyard Kiplings *Dschungelbuch* entnahm, das 1894/95 in zwei Bänden erschien und sieben Erzählungen umfaßt. Am stärksten beeinflußten Burroughs die drei Dschungelbuch-Erzählungen über den indischen Jungen Mowgli, der seine Eltern verliert und von einem Wolfsrudel aufgezogen wird. Im Dschungel muß sich Mowgli unter wilden Tieren behaupten, bis er den Umgang mit Menschen erlernt, aber schließlich enttäuscht in den Dschungel zurückkehrt. Nicht anders ergeht es Tarzan, nur daß er von Affen adoptiert wird.

Des weiteren las Burroughs antike Sagen, wie die von den Rom-Gründern Romulus und Remus, die als Zwillingskinder von einer Wölfin gesäugt wurden.

Seine Informationen über Afrika bezog Burroughs hauptsächlich aus dem Expeditionsreisebericht *In Darkest Africa* (1890) des Journalisten Henry Morton Stanley, der in Ostafrika Livingstone fand.

Aus alledem bastelte Burroughs die Tarzan-Geschichte, seine dritte Fantasy-Erzählung. Sie erschien im Oktober 1912 im *All-Story Magazin*, hieß *Tarzan of the Apes* (deutsch: *Tarzan bei den Affen*) und hatte einen überwältigenden Erfolg. Damit wendete sich für den 37jährigen Newcomer das Blatt. 1914 kam die Erzählung als Buch heraus. E. R. Burroughs schrieb bis 1944 noch 23 weitere Tarzan-Romane, die eine Gesamtauflage von etwa 50 Millionen Exemplaren erreichten und in 58 Sprachen erschienen.

Das Grundmuster des Tarzanmythos ist allgemein bekannt und sei hier deshalb nur kurz skizziert.

Tarzan ist der Sohn des schottischen Adeligen John Clayton, der den Titel Lord Greystoke trägt. Als der Lord und seine schwangere Frau von Meuterern an einer westafrikanischen Küste ausgesetzt werden und umkommen, wird das Baby von einer Affenhorde aufgenommen und aufgezogen, wobei die Affenfrau Kala die Ersatzmutter spielt. Die Affen nennen ihn Tar-zan, was in ihrer Sprache »Weiße Haut« heißt. Er schwingt sich zum Herrn des Urwalds auf und im Lendenschurz an Lianen von Baum zu Baum.

Als junger Bursche begegnet er erstmals Weißen und verliebt sich in die Expeditionsteilnehmerin Jane, der er nach England folgt, wo sie heiraten und einen Sohn bekommen. In England lernt Tarzan seine adelige Familie und die Gepflogenheiten der Zivilisation kennen, aber da sie ihm mißfallen, kehrt er mit Jane in den Urwald zurück.

War Edgar Rice Bourroughs in seiner ersten Lebenshälfte ein Looser, so gelang ihm in seiner zweiten alles. Ungemein geschäftstüchtig, sicherte er sich die Verwertungsrechte an allem, was mit dem Markennamen Tarzan zu tun hatte. Er machte ein Vermögen aus den Tantiemen seiner vielfältigen Tarzan-Publikationen in Form von Büchern und Comics und verdiente viel Geld an den lukrativen Tarzan-Filmen und an dem Merchandising von patentierten Tarzan-Gebrauchsartikeln.

Schon im Januar 1918 kam der erste Stummfilm über Tarzan (mit Elmo Lincoln) in die amerikanischen Kinos. Die größten Kassenschlager waren die US-Spielfilme mit Johnny Weissmüller. Der Name klingt deutsch – und ist es auch. Peter John Weissmüller (1904–1984) wurde 1904 als Abkömmling von Donauschwaben in Freidorf geboren, einem Ort im österreichisch-ungarischen Banat, von wo aus seine Eltern 1905 in die USA auswanderten. Als Junge litt Johnny unter so vielen Krankheiten, daß die Ärzte schwarzsahen. Er glänzte nur durch zwei Fähigkeiten: Jodeln und Schwimmen. Als er mit 17 Jahren US-Meister im Freistil wurde, ging es sportlich mit ihm steil bergauf. Bei den Olympischen Spielen 1924 gewann er im Schwimmen fünf Goldmedaillen. Insgesamt stellte er 51 Weltrekorde auf.

Seine Athletenfigur und sein gutes Aussehen prädestinierten Johnny Weissmüller geradezu für die Rolle des Tarzan. Und wie man auf Olympiadefotos von ihm im Badeanzug sehen konnte, stach seine Manneskraft noch an anderer Stelle hervor. Trotz seines mäßigen schauspielerischen Talentes wurde Tarzan die Rolle seines Lebens. Er spielte den Dschungelhelden im Lendenschurz zwischen 1932 und 1948 in zwölf Filmen. Unvergeßlich ist sein Standardspruch »Ich Tarzan, du Jane«. Johnny Weissmüller war es auch, der in seinem ersten Tarzan-Film *Tarzan, the Ape Man* 1932 zum ersten Mal den legendären Tarzanschrei ausstieß – eine Reminiszenz an seine Jodelkünste. Und weil der Tonfilm noch so jung war, durfte Johnny den Urschrei »Aaaeeeoo!« in seinem Debüt gleich 69mal wiederholen. Bei der Besetzung des Muskelprotzes hatte Edgar Rice Burroughs sein Mitspracherecht wahrgenommen.

Nach Johnny Weissmüller wurde Tarzan viermal von Lex Barker und von 1955 bis 1960 sechsmal von dem Sandalenfilmhero Gordon Scott gespielt. Durchs Fernsehen schwang sich Ron Ely als Dschungelheld in 57 NBC-Folgen von 1966 bis 1969; im ZDF war die Serie 1971 zu sehen. Und natürlich machte Tarzan auch in vielen Zeichentrickfilmen eine gute Figur, so 1999 in der ausgezeichneten Version der Walt Disney Studios.

Die Tarzan-Filme, die Edgar Rice Bourroughs sah, waren freilich genauso kitschig wie die 70 Fantasy-Bücher des Vielschreibers. Den einzigen realistischen und gesellschaftskritischen Spielfilm sah Burroughs indes nicht mehr: *Greystoke – die Legende von Tarzan* von Hugh Hudson mit dem jungen Christopher Lambert in der Titelrolle. Er kam 1984 in die Kinos, lange nach Burroughs Tod, und verdiente sich drei Oscar-Nominierungen.

43

Durch Tarzan steinreich geworden, kaufte sich Burroughs 1919 am Nordrand von Los Angeles ein riesiges Landgut, auf dem die Ortschaft *Tarzana* entstand; sie erlangte 1927 Gemeindestatus. Er ließ sich 1934 von Emma scheiden und 1942 von seiner zweiten Frau Florence. Der »Lord of Tarzana«, wie sich Burroughs nannte, starb am 19. März 1950 im Alter von 74 Jahren in Tarzana.

In Deutschland wurde Burroughs' Roman-Erstling *Tarzan bei den Affen* 1923 ein Bestseller. Er verscherzte sich aber hierzulande nationale Sympathien, als 1924 ein neuer Band erschien, in dem der Dschungelheld in der vormaligen Kolonie Deutsch-Ostafrika teutonische »Hunnenoffiziere« bekämpfte. Insgesamt erschienen in den 1920er und 1930er Jahren acht Tarzan-Bände auf deutsch.

Im Januar 1933, dem Monat von Hitlers Machtergreifung, konnte man noch die deutsche Fassung des US-Films *Tarzan, der Herrscher des Urwalds* sehen. Aber ein Jahr später verbannte die nationalsozialistische Oberprüfstelle den Streifen aus den Kinos. In der abstrusen Begründung des Verbots stand, es würde »dem gesunden Rasseempfinden widerstreben, wenn im Film gezeigt würde, wie ein Urwaldtier, ein affenähnliches Wesen, von einer Frau umworben, gehegt und geliebt wird«. Die Amerikaner revanchierten sich, indem sie 1942 den Spielfilm *Tarzan und die Nazis* mit Johnny Weissmüller zeigten, worin Tarzan deutsche Fallschirmjäger besiegt.

Hal Foster und Tarzan-Comics

Tarzans Siegeszug als Comic-Figur begann 1929, als Joseph H. Neebe, der Gründer der Firma *Famous Books and Plays,* von Burroughs die Rechte für einen Tarzan-Comicstrip erwarb. Den Auftrag gab Neebe dem berühmten Comic-Künstler Hal Foster (1892–1982).

Harold Rudolph Foster war einer der wenigen Comic-Macher, der die Abenteuer seiner Figuren nicht nur in der Phantasie durchspielte, sondern selbst ein echter Abenteurer war. Er wurde 1892 in Halifax geboren, der großen Hafenstadt der kanadischen Atlantikinsel Nova Scotia. Er fuhr schon mit zehn Jahren auf kleinen Segelbooten alleine durch die neuschottischen Küstengewässer, und mit vierzehn verdiente er sich sein erstes Geld als Fallensteller in den Inselwäldern. Auf der Schule zeigte sich sein Talent fürs Boxen und Zeichnen, und als er sie verließ, jobbte er als Reklamezeichner für ein Versandhaus und Redaktionsbote. 1911 zog die Familie nach Winnipeg, die Hauptstadt der kanadischen Provinz Manitoba. Im Kanuclub von Winnipeg lernte er seine Frau Helen kennen, eine Amerikanerin aus Kansas, mit der er zwei Söhne bekam. Jahrelang verdingte er sich jeden Sommer als Jagdführer in den Wildnissen von Manitoba und Ontario, wobei er lange Strecken im Kanu zurücklegte. Einmal schoß ihm ein betrunkener Halbblutindianer Schrotkörner in die Beine. 1917 entdeckte Hal Foster eine Goldmine, erwarb sie und fing an, sie mit seiner Frau auszubeuten, doch zwei Jahre später wurden sie ausgeraubt.

Da beschloß er, Künstler zu werden. Er fuhr im Sommer 1919 mit dem Fahrrad 1500 Kilometer weit von Winnipeg nach Chicago, wo er am Kunstinstitut und an der

Kunstakademie Abendkurse nahm. Als gefragter Illustrator und Werbegrafiker konnte er dann in den USA seine Familie ernähren.

Als Hal Foster 1928 von Neebe beauftragt wurde, aus Burroughs Roman *Tarzan of the Ape* den ersten Tarzan-Comicstrip zu machen, zeichnete er 60 Episoden zu je fünf Bildern, die vom 7. Januar 1929 an in 13 amerikanischen Zeitungen erschienen. Die Fortsetzungsgeschichte fand derart großen Anklang, daß die Tarzan-Comics von 1931 an auch in den Sonntagsbeilagen von Hearsts Pressesyndikat standen.

In Deutschland konnten Tarzan-Comics erst in der Nachkriegszeit erscheinen. Der Mondial Verlag gab vom September 1952 bis September 1959 die erste Tarzan-Heftreihe heraus – zum Entzücken der Kinderherzen.

Von 1959 bis 1961 vermarktete der Walter Lehning Verlag Tarzan-Comics sowohl im Piccolo-Querformat als auch als Kleinbände. Es folgten 209 deutsche Tarzan-Hefte vom Bildschriftenverlag (BS) und von 1974 bis 1984 Monatsausgaben im Ehapa Verlag. In Romanform wiederum erschienen in den 1950er Jahren 16 Tarzan-Bände beim Pegasus Verlag sowie etliche Bände beim Kranichborn Verlag.

Edgar Rice Burroughs (1875–1950),
der Erfinder von Tarzan

Quelle: Wikipedia Commons
{{PD-US/cs}}

Buchcover der Erstausgabe von
»Tarzan of the Apes« (1914)

Quelle: Wikipedia Commons
Urheber: J. N. Arting, 1914
{{PD-US/cs}

Johnny Weissmüller

Quelle: Wikipedia Commons
Foto von George G. Bain, 1924
{{PD-USGov/cs}}

Prinz Eisenherz

Hal Fosters Meisterwerk wurde indes der Comic-Klassiker *Prinz Eisenherz*.

Als er mit seiner Familie in Evanston, Illinois, wohnte und noch für Hearst Sonntagsbeilagen Tarzan-Episoden zeichnete, entwarf er 1936 eine neue Comic-Serie mit dem Arbeitstitel *Derek, Son of Thane;* aber auf Hearsts Vorschlag hin wurde sie in *Prince Valiant* umbenannt, zu deutsch Prinz Eisenherz.

Sie ist vollständig Hal Fosters eigene Schöpfung, vom Schreiben der Storyboards bis zur fertigen Skizze. Er zeichnete die Bilder recht realistisch und detailliert und fügte statt der üblichen Sprechblasen den Text als Untertitel ein. Die Idee zu Prinz Eisenherz kam ihm, weil er mit Vorliebe historische Romane las und sich besonders für das Mittelalter interessierte.

Kurz zur Handlung: Die Story spielt im 5. Jahrhundert zur Zeit des sagenhaften König Artus. Eisenherz ist ein Prinz aus Thule, dem Königreich im hohen Norden. Nach der schnöden Vertreibung seines Vaters vom Thron gelangt Eisenherz als Knabe von Norwegen nach Britannien an König Artus' Hof auf Burg Camelot. Der junge Prinz wird zuerst Knappe bei dem edlen Ritter Gawain und schließlich selbst Ritter der Tafelrunde, stets erkennbar an seinem markanten Pagen-Ponyschnitt. Mit seinem »singenden Schwert« kämpft er kühn gegen allerlei Feinde, darunter eroberungshungrige Sachsen, schottische Pikten, König Attilas Hunnen und Seeräuber. Und auf weiten Fahrten erlebt er Abenteuer in allen Erdteilen, sogar mit Wikingern in Amerika. Sein Glück findet Prinz

Eisenherz bei Aleta, der Königin der Nebelinseln, der er in der Ägäis begegnet. Aus ihrer turbulenten Ehe geht u. a. der Sohn Arn hervor, der später Prinz Eisenherz treu zur Seite steht.

Es sind also verschiedene Motive, die Hal Foster miteinander verwebt: wahre historische Begebenheiten, nordische Sagas, Heldensagen um König Artus und selbst Mythen wie aus der Odyssee. So lassen sich die Geschichten um Prinz Eisenherz schier endlos fortführen – was bis dato der Fall ist. Bemerkenswerterweise bereiste Hal Foster zwecks Recherchen fast alle Länder, in denen die Episoden spielen.

Die erste Folge der Prinz-Eisenherz-Comicstrip-Reihe erschien am 13. Februar 1937 in der Sonntagsbeilage des *New York Journal*, und dann erfreuten sich auch die Leser der anderen Zeitungen von Hearsts King Features Syndicate an den Taten des *Prince Valiant*.

Hal Foster schrieb und zeichnete seine Eisenherz-Serie 34 Jahre lang, bis 1971, dann übergab er sie aus Gesundheitsgründen schrittweise an den Zeichner John Cullen Murphy. Heute erscheint Prinz Eisenherz in fast 200 Zeitungen und in 14 Sprachen.

In Spielfilmen wurde Prinz Eisenherz 1954 von Robert Wagner und 1997 von Stephen Moyer dargestellt. Außerdem gibt es einige Zeichentrickfilme, so die amerikanische Serie *Die Legende von Prinz Eisenherz* (1991–1994).

In Deutschland erschienen die Comicstrip-Hefte und -Bände über Prinz Eisenherz von 1951 bis 1968 im Badischen Verlag, Freiburg. Es folgten Ausgaben bei den Verlagen Heinz Pollischansky, Abraham Melzer und Carlsen (seit 2009).

Hal Foster wurde mit drei bedeutenden Kunstpreisen ausgezeichnet und in die *Royal Society of Arts* aufgenommen. Er starb 1982 im Alter von 90 Jahren in Spring Hill in Florida. Er hatte 1764 Prinz-Eisenherz-Seiten gestaltet – ein Lebenswerk.

Bomba

Schon 1926 startete die amerikanische Jugendbuchreihe über *Bomba, the Jungle Boy*. Sie sei nur deshalb erwähnt, weil sie auch als Comic-Serie erschien, so 1967 bei der US-Verlagsgruppe *DC Comics*.

Die Geschichten sind nach dem Muster von Tarzan gestrickt und handeln von einem Jungen, der auf der Suche nach seinen Eltern im Dschungel allerlei Abenteuer erlebt. Die ersten zehn Bände spielen im südamerikanischen, die nächsten zehn Bände im afrikanischen Urwald. Herausgegeben wurden sie von 1926 bis 1938 vom US-Verlag *Cupples & Leon*. Der als Verfasser von *Bomba* genannte Roy Rockwood ist ein Verlagspseudonym für mehrere Ghostwriter; die meisten Bomba-Storys schrieb Howard Garis. Neuauflagen der Bomba-Bände erschienen in den 1950er Jahren bei Grosset & Dunlap, danach erneut als Reprints bei Clover Books.

Genauso zweitklassig sind die zwölf Filme, in denen Johnny Sheffield, der in den Johnny-Weissmüller-Filmen Tarzans Sohn gespielt hatte, den Titelhelden Bomba mimt. Sie wurden allesamt von dem Regisseur Ford L. Beebe zwischen 1949 und 1955 gedreht und von *Monogram Pictures* produziert, einem auf Billigfilme spezialisierten Hollywood-Studio.

Auf deutsch erschienen in den 1950er Jahren 14 Bomba-Bände im Münchner AWA-Verlag, es folgten 1967/1968 Neuauflagen von *Bomba der Dschungelboy* als Taschenbücher im Bastei Verlag.

Superhelden

In den 1930er Jahren tauchten in der Comic-Szene Superhelden auf, die bestimmte Gemeinsamkeiten aufweisen. Sie besitzen ungewöhnliche Körperkräfte und phänomenale Eigenschaften und bekämpfen böse Mächte.

Die Superhelden heißen Flash Gordon, Phantom, Superman und Batman. Sie sind großenteils Geschöpfe aus Hearsts 1915 gegründetem *King Features Syndicate*, das in vielen Ländern Hunderte von Zeitungen mit Comics, Cartoons, Rätselecken und Kolumnen beliefert. Diese Superhelden-Comics werden bis heute multimedial vermarktet und weltweit vertrieben und erzielen als Massenkonsumprodukte entsprechend hohe Umsätze.

Bemerkenswerterweise fällt der erste Boom der Comic-Superhelden in die Ära, in der den USA mit dem Dritten Reich und Japan gefährliche Feinde erwuchsen. Vielleicht verkörperten deswegen solche Superhelden kollektive Wunschvorstellungen von übermäßiger Stärke und Unbesiegbarkeit.

Flash Gordon

Am 7. Januar 1934 erschien in den Sonntagsbeilagen der von *King Features Syndicate* belieferten Zeitungen die erste Folge der Comic-Serie *Flash Gordon.* Sie war so erfolgreich, daß sie von 1940 bis 1944 täglich erschien.

Flash Gordon ist eine von Alex Raymond geschaffene Science-Fiction-Figur, dem als Mitstreiter die Blondine Dale Arden und der in technischen Erfindungen versierte Dr. Zarkow zur Seite stehen. Sie kämpfen gegen allerlei exotische Kreaturen auf fremden Planeten, vor allem gegen den grausamen Tyrannen Ming auf dem Planeten Mongo.

Von 1936 bis 1940 liefen die Episoden um Flash Gordon als Serials in den Kinos; es folgte u. a. 1979/80 eine Zeichentrickserie, 1980 die Neuverfilmung von Dino de Laurentis und 2007/2008 eine US-Fernsehserie. Als deutschsprachige Science-Fiction-Romane erschienen die Abenteuer des Flash Gordon bei Bastei Lübbe.

Phantom

King Features Syndicate brachte auch 1936 die von Lee Falk geschaffene Comic-Reihe *The Phantom* heraus.

Das Phantom ist der Fama zufolge ein »wandelnder Geist«, der unter dem Pygmäenvolk der Bandara an der Urwaldküste von Bangalla herrscht. Er sorgt für Gerechtigkeit, hilft Fremden, die sich im Dschungel verirren, und bekämpft Piraten, vor allem die berüchtigte Singh-Bande. Hinter dem Phantom steckt Mr. Walker, ein Nachfahre des britischen Seefahrers Sir Christopher Standish, der 1536 mit seinem Handelsschiff an dieser bengalischen Küste von Seeräubern überfallen und ermordet worden war. Als einziger aus der Mannschaft überlebte sein Sohn Kit das Massaker, der dann bei den Pygmäen aufwuchs. Kit schwor den Mördern Rache, wozu er auch seine Nachkommen verpflichtete.

Der in der jetzigen Generation seit 1936 als Phantom (das zwanzigste seiner Ahnenreihe) auftretende Mr. Walker ist ein durchtrainierter, mit automatischen Pistolen ausgerüsteter Superheld. Wenn Aktionen anstehen, verbirgt er sich in einer *Totenkopfhöhle* und trägt ein purpurnes Kostüm und eine schwarze Maske. Bösewichte und Schützlinge markiert er mit speziellen Zeichen seiner Siegelringe. Dem Phantom zur Seite stehen seine bewaffnete Dschungelpatrouille, der Pygmäenhäuptling Guran und sein treuer Wolfshund *Devil.*

Im Privatleben ist Mr. Walker mit Diana verheiratet und hat zwei eigene Kinder und ein adoptiertes Findelkind, das sich später als Prinz von Baronkhan entpuppt. Zivil trägt Mr. Walker Trenchcoat, Hut und Sonnenbrille.

Man hat bei dieser Phantom-Story den Eindruck, als hätten dafür der Urwaldmensch Tarzan, Mowgli aus Kiplings *Dschungelbuch*, Robin Hood und der Rächer Zorro mit seiner Doppelidentität Pate gestanden. Nicht verwunderlich, denn ihr Erfinder Leon Harrison Gross (1911–1999) hatte eine ausgeprägte Vorliebe für Mythen. Sein Künstlername war Lee Falk. Als er mit der Gestaltung des *Phantom*-Comic-Reihe anfing – wozu dann Ray Moore bis 1942 die Zeichnungen lieferte –, glaubte Lee Falk, sie werde sich allenfalls einige Wochen halten. Doch er schrieb noch über 60 Jahre lang an den Folgen weiter, selbst noch unter der Sauerstoffmaske in seinem Todesjahr 1999.

Außerdem war Falk ein leidenschaftlicher Theatermacher. Er inszenierte und produzierte an fünf Theatern gut 300 Bühnenstücke und wurde von seinen Schauspielern verehrt; darunter waren Stars wie Marlon Brando (1953), Paul Newman und Charlton Heston.

Für seine beiden Comic-Serien *Das Phantom* und *Mandrake der Zauberer* wurde Lee Falk mit mehreren Preisen ausgezeichnet. In Amerika geisterte das Phantom vielfach durchs Kino und Fernsehen. Am gelungensten war wohl der 1996 uraufgeführte Spielfilm *The Phantom* mit Bill Zane.

In Deutschland erschien die Phantom-Comic-Serie zuerst 1949 in der *Hamburger Morgenpost*, 1951 in der *Frankfurter Nachtausgabe* und von 1952 bis 1955 in zwei Heftreihen des Aller Verlags. Es folgten *Phantom*-Ausgaben in den Verlagen Semic, Carlsen, Moewig, Kelter, Bastei und Hethke.

Superman

Der weltweit bekannteste Superheld im Comic-Universum ist zweifellos *Superman*.

Die aberwitzige Superman-Story entsprang der Phantasie des Zeichners Joe Shuster und des Texters Jerry Siegel, die seit ihrer gemeinsamen Schulzeit in Cleveland miteinander befreundet waren und danach ihr Laienmagazin *Science Fiction* herausbrachten. Darin veröffentlichten sie schon 1932 die Kurzgeschichte *The Reign of the Super-Man* und entwarfen dazu Konzepte.

Kurz zur Story: Auf dem Planeten Krypton entdeckt ein Wissenschaftler, daß seine Zivilisation durch eine unvermeidbare Katastrophe dem Untergang geweiht ist. Um seinen dreijährigen Sohn zu retten, schickt er ihn in einer Rakete zur Erde, wo er in Kansas landet. Das Ehepaar Kent erzieht das Findelkind, das den Namen Clark Kent erhält. Bald bemerkt Clark, daß er übermenschliche Kräfte und Eigenschaften besitzt, die von Krypton herrühren. So ist er stark wie eine Lokomotive, schneller als eine Kugel, er kann fliegen, enorm hoch springen, er hat einen Röntgen- und Teleskopblick, ein Supergehör, ein riesiges Atemvolumen, und er ist dank einer schützenden

Aura schier unverwundbar. Seine phänomenalen Fähigkeiten demonstriert er als »der Mann aus Stahl«, der das Verbrechen bekämpft und als Beschützer auftritt. Kennzeichen ist sein farbiges, unzerstörbares Akrobatenkostüm mit dem »S«-Signum auf der Athletenbrust.

Neben der Rolle des Superman spielt Clark die eines gewöhnlichen Menschenkindes. Er ist Reporter bei der Zeitung *Daily Planet*, bei der auch seine geliebte Kollegin Lois Lane arbeitet.

Joe Shuster und Jerry Siegel versuchten jahrelang, ihr Superman-Konzept anzubringen, aber es wurde von den Medien immer wieder als allzu pubertär abgetan.

Erst der Verlag *National Allied Publications* (der später in *DC Comics* aufging) wagte einen Versuch, indem er im Frühjahr 1938 in der Reihe *Action Comics* das erste Superman-Heft veröffentlichte. Es fand reißenden Absatz.

Schon 1940 wurden von den alle drei Monate erscheinenden Superman-Comic-Heften jeweils 1,2 Millionen Stück verkauft. Hinzu kamen Superman-Comics in 250 Sonntagsbeilagen und 1941 eine Animationsfilmserie. Noch während des Zweiten Weltkriegs ging Superman um die Welt. Selbst Kaiser Hirohito ergötzte sich daran, und Joseph Goebbels verhöhnte 1942 den Übermenschen als Juden. Seit 1948 ist Superman ständig in Fernsehserien und auch in verschiedenen anderen Medien omnipräsent. Als Highlight gilt Richard Donners aufwendiger Spielfilm *Superman* mit Christopher Reeves, der 1978 in die Kinos kam.

Die Superman-Erfinder Shuster und Siegel erhielten für die Abtretung der Rechte 130 Dollar, und erst nach einem langen Rechtsstreit billigte ihnen 1978 Time Warner, der Eigentümer des Verlags *DC Comics*, jährliche Tantiemen in der Höhe von 24 000 Dollar zu.

Ein Original des allerersten *Superman*-Comic-Heftes *Action Comic No. 1* vom Juni 1938 wurde bei einer Auktion im Februar 2010 für den Rekordpreis von einer Million Dollar versteigert. Der frühere Eigentümer hatte das Heft einst in einem Ramschladen entdeckt und für 35 Cent gekauft. Das Titelblatt zeigt, wie Supermann ein grünes Auto hochstemmt und wegschleudert.

Batman

Gewisse Analogien zu Superman weist der ungefähr zur gleichen Zeit entstandene Superheld *Batman* auf. Der Fledermausmensch (Bat = Fledermaus) mit dem Beinamen »Der dunkle Ritter« wurde 1939 von dem Texter Bill Finger und dem Zeichner Bob Kane gestaltet.

Wie Superman hat auch Batman eine Doppelidentität. Im wahren Leben ist Batman der Milliardär Bruce Wayne, der den von seinen Eltern geerbten Weltkonzern *Wayne Enterprises* leitet. Als Kind mußte Bruce mitansehen, wie seine Eltern in seiner Heimatstadt Gotham City von einem Räuber in einer dunklen Gasse erschossen wurde. Deswegen schwor er Rache und bekämpft seither Verbrecher, von denen der gerissene Joker sein größter Feind ist. Batman entwickelt sich zielstrebig zum Alleskönner. Er wird der Beste in Kriminologie, in vielen Selbstverteidigungsarten sowie in wissenschaftlichen Disziplinen. Und er ist ein technischer Tüftler, der auf seinem Rachefeldzug das futuristisch wirkende Batmobil und ein Arsenal von raffinierten Waffen und Hilfsmitteln einsetzt, die in einer Tropfsteinhöhle unter seinem Herrensitz lagern.

Wie Superman, mit dem Batman befreundet ist, trägt auch er bei seinen kühnen Aktionen ein Erkennungskostüm: einen Körperanzug mit dem Fledermaus-Logo auf der Brust, einen wallenden Umhang und eine spitzohrige Fledermausmaske.

Batman erschien erstmals 1939 in der Serie *Detective Comics* und gehört wie Superman dem großen amerikanischen Comic-Verlag *DC Comics*. Von 1943 bis 2008 war Batman der Superheld in neun Spielfilmen, zuletzt in den zwei Filmen von Christopher Nolan: *Batman Begins* (2005) und *The Dark Knight* (2008). Desgleichen agierte Batman in zahlreichen Fernsehserien, Zeichentrickfilmen und seit 1986 in etwa zwei Dutzend Videospielen.

In Deutschland erschien Batman erstmals 1954 in der Heftreihe *Buntes Allerlei,* verschwand aber bald wieder. Erst seit 1966 erlangte Batman dauerhafte Präsenz in deutschen Comic-Heften und -Taschenbüchern.

Bleibt noch eines nachzutragen: Die Superhelden forcierten den Umsatz von Comics enorm. So gab es 1941 dreißig Comic-Verlage, die monatlich 150 verschiedene Comics veröffentlichten. Und im Jahre 1943 erschienen in den USA monatlich 30 Millionen Comic-Hefte.

Das Kostüm von Superman

Quelle: Wikipedia Commons
Verwendung gemäß den Lizenzbestimmungen der GNU
für freie Dokumentation
Foto von me, 2007

Neue amerikanische Comic-Stars

Peanuts

Kein anderer Comic-Macher wurde mit so vielen Ehrungen bedacht wie Charles M. Schulz (1922–2000).

Er war der Sohn eines aus der ostdeutschen Altmark in die USA ausgewanderten Friseurs und wuchs in Minnesota auf. Der blitzgescheite Junge fiel schon in der Schule durch sein Zeichentalent auf und nahm einen Fernkurs in »Komischem Zeichnen« an der *Art Instruction School* von Minneapolis. Von 1943 bis 1945 kämpfte Charles M. Schulz mit der 20. US-Panzerdivision in Frankreich, Deutschland und Österreich und erlebte die Befreiung des KZs Dachau mit.

In den Nachkriegsjahren zeichnete er Comics für verschiedene Zeitschriften, so für *Timeless Topix* und die *Saturday Evenening Post*. 1950 startete er mit seiner langlebigen Comic-Serie *Peanuts* (deutsch: Erdnüsse, sinngemäß Kleinigkeiten) eine unvergleichliche Karriere. Gemäß seinem Vertrag mit dem United Feature Syndicate erschien die erste *Peanuts*-Folge am 2. Oktober 1950 in sieben Zeitungen. Ungemein beliebt, lief sie genau 50 Jahre lang, bis zum letzten Atemzug ihres Schöpfers.

Es geht um die skurrilen Erlebnisse einer Gruppe von Vorstadtkindern, wobei wohl Reminiszensen an Charles M. Schulz' eigene Kindheit mitspielen. So trägt die Hauptfigur Charlie Brown Züge von ihm. Der Junge ist der Sohn eines Friseurs, und sein Hund Snoopy ähnelt dem Mischling Spike, den Schulz als zwölfjähriger Bub geschenkt bekam. Im Comic ist Charlie Brown ein ewiger Pechvogel, dem die anderen Buben und Mädchen Streiche spielen – Sally, Lucy, Linus, Rerun, Schroeder, Peppermint Pattie, Marcie und der dunkelhäutige Franklin.

Die zweite Hauptrolle spielt Charlie Browns Hund Snoopy, ein verschrobener Beagle mit menschlichen Fähigkeiten, der seine Marotten auslebt und ansonsten sinnierend auf dem Dach seiner Hundehütte faulenzt. Snoopys bester Freund ist ein kleiner, gelber Vogel namens Woodstock, der zwar schlecht fliegen, aber umso besser maschinenschreiben und stenographieren kann.

Was diese Clique alles anstellt und an aberwitzigen Gedanken absondert, hat unzählige Leser in aller Welt amüsiert. Bereits 1975 zählte man 90 Millionen *Peanuts*-Leser, und als der Abdruck der Peanuts-Comics die Rekordzahl von 2000 Zeitungen erreichte, erfolgte der Eintrag ins Guiness-Buch der Rekorde.

Die Peanuts boten Stoff für drei von Bill Melendez gedrehte Spielfilme (1969, 1972, 1977), etliche Fernsehfilme und ein 1967 in New York uraufgeführtes Musical.

Zum Liebling der Nation erkoren, erhielt Charles M. Schulz zahlreiche Preise, darunter mehrere Emmys, einen Stern auf dem *Hollywood Walk of Fame* und die *Congressional Gold Medal,* die vom US-Kongress verliehene höchste zivile Auszeichnung.

Die 50 Jahre während Arbeit an den Peanuts zahlte sich auch in barer Münze aus. Hatte Charles M. Schulz im ersten Monat des Erscheinens noch 90 Dollar bekommen, so betrug 1971 allein der Umsatz von Markenartikeln mit Peanuts-Motiven 150 Millionen Dollar. Charles M. Schulz starb am 12. Februar 2000 im Alter von 77 Jahren an

Darmkrebs. Seine Erben kassierten im Abrechnungsjahr 2006/07 rund 35 Millionen Dollar.

Selbst im Weltraum verbreitete sich der Ruhm der Peanuts: Die drei Astronauten von Apollo 10, die im Mai 1969 den Mond umkreisten, nannten ihr Raumschiff *Charlie Brown* und ihre Landefähre *Snoopy*.

Charles M. Schulz (1922–2000)

Quelle: Wikipedia Commons
{{PD-US/cs}}

Garfield

Zu Ruhm und Reichtum brachte es auch der amerikanische Comic-Zeichner Jim Davis, der 1945 in Marion, Indiana, geboren wurde.

Er wuchs auf der Farm seiner Eltern, die Viehzüchter waren, mit einer Schar von 25 Katzen auf – was seine ganz besondere Beziehung zu seinem Comic-Kater *Garfield* erklärt. Als Junge mußte Jim Davis aufgrund seines Asthmaleidens oft im Farmhaus bleiben und vertrieb sich deshalb die Zeit mit Zeichnen. Sein Talent vervollkommnete er auf dem College, bei einer Werbeagentur und von 1969 bis 1978 als Assistent des Zeichners Tom K. Ryan, der den Western-Comic *Tumbleweeds* erfand.

Im Alter von 33 Jahren kreierte Jim Davis seine Meisterfigur, den Kater Garfield. Die orange getigerte Katze wird als »frech, fett, faul und philosophisch« bezeichnet, besitzt menschliche Eigenschaften und benimmt sich auch wie ein Mensch. Garfield macht zynische Bemerkungen zu den Problemen, mit denen er sich herumärgert, und teilt sich dem Leser durch Sprechblasen mit. Er haßt Montage, an denen ihm ständig etwas zustößt, spricht mit Mäusen, killt Spinnen und piesackt den dämlichen, ständig sabbernden Haushund Odie. Garfields Herrchen ist der Comic-Zeichner Jon Arbuckle, ein glückloser Eigenbrötler und Tolpatsch, der mit der Tierärztin Liz liiert ist.

Der erste Garfield-Comic wurde erstmals im Juni 1978 in 41 Zeitungen gedruckt. Im Jahre 2006 erschien er weltweit in 2570 Zeitungen mit 260 Millionen Lesern – ein schlagender Beweis für die außerordentliche Popularität des biestigen Katers. Garfield treibt seinen Unfug in zahlreichen Comic-Bestsellern, krakeelt in drei Spielfilmen (2004, 2006 und 2007), in einer CBS-Fernsehserie mit 13 Folgen, in Zeichentrickfilmen und in Hörspielen von Ariola (1980er Jahre), in denen Hape Kerkeling ihm seine Stimme verleiht. Man schätzt, daß Garfield als Gesamtprodukt samt Merchandizing einen Jahresumsatz von 750 Millionen Dollar erzielt.

Jim Davis landete mit Garfield einen Volltreffer und bekam Preise dafür, den Emmy, den Elzie-Segar-Award, den Reuben-Preis. Nur eines trübte seine Freude: er konnte sich in seinem Haus keine Katzen halten, weil seine erste Ehefrau Carolyn allergisch dagegen war.

Robert Crumb

Einer der genialsten und eigenwilligsten Comic-Macher ist Robert Crumb.

Er wurde 1945 als Sohn eines Hühnerzüchters in Philadelphia geboren und fing als Zeichner von Glückwunschkarten in Cleveland an. 1967 zog er nach San Francisco, dem damaligen Mekka der Hippies, wo er anfangs psychedelische Poster schuf. Sie wurden, wie auch andere Szenepublikationen und Drogenzubehör, in Head Shops verkauft, den bis etwa 1967 in den USA florierenden Läden der Subkultur.

Crumb veröffentlichte seine ersten typischen Comics in der Heftreihe *Zap Comix* und avancierte bald zur Galionsfigur der Underground-Comix-Bewegung, die vor allem in San Francisco, Los Angeles, New York und Chicago blühte. Zur Unterscheidung von herkömmlichen Comics kam dafür die Bezeichnung Comix auf, notabene mit x.

Robert Crumb zeichnete in einer äußerst expressiven Weise und offenkundig von Drogen angetörnt – *wild, bad and dirty*. Er brach thematisch alle Tabus, provozierte mit Anfeindungen der amerikanischen Politik und des Establishments und mit obszönen sexuellen Szenen. Insbesondere seine Comic-Figuren *Fritz the Cat* (1969) und *Mr. Natural* erlangten Kultstatus. Fritz the Cat ist eigentlich ein Mensch in Katzengestalt, der lüstern und gewalttätig den Zeitgeist der Sixties erlebt. Der 1972 entstandene Zeichentrickfilm *Fritz the Cat* war der erste, der im Kino nur für Erwachsene zugelassen wurde. In Deutschland forcierte der Illustrator und Verleger Bernd Brummbär die Veröffentlichung von Crumbs heiklen Comics. Sie erschienen u. a. 1970 im Frankfurter März Verlag, im Melzer Verlag und bei Zweitausendeins.

Privat litt Crumb unter verschiedenen Neurosen, vor allem unter seiner ausgeprägten Angst vor Frauen. Mit seiner Ehefrau Aline Kominsky, die selbst eine bekannte Undergroundcomic-Zeichnerin war, und seiner Tochter Sophie zog er Mitte der 1990er Jahre in das Dorf Sauve in der südfranzösischen Region Languedoc-Roussillon. Dort spielte er Mandoline und Banjo in einer französischen Band und pflegt seine kostbare Sammlung von über 5000 Schellackschallplatten.

Im Oktober 2009 gab Crumb eine großangelegte Comic-Version der biblischen Schöpfungsgeschichte heraus, an der er vier Jahre lang gearbeitet hatte. Auf deutsch erschien seine Genesis im Carlsen Verlag. Eine der wenigen anzüglichen Illustrationen darin ist *Adam und Eva beim Liebesspiel*.

Die francobelgische Schule

Hergé und Tim und Struppi

Seit etwa 80 Jahren ist die Comic-Serie *Tim und Struppi* ein Welterfolg. Im französischen Original heißt sie *Les aventures de Tintin*, was thematisch treffender als der naive deutsche Titel ist. Sie umfaßt insgesamt 24 Comic-Alben, die der Belgier Hergé von 1929 bis 1983 schuf.

Im Mittelpunkt steht Tim, ein junger Reporter mit blonder Haartolle und (anfangs) stets in Knickerbockerhosen, der mit seinem treuen Foxterrier Struppi und zwei Gefährten in der Welt umherreist. In jeder Folge erleben sie ein Abenteuer an einem bestimmten Schauplatz, teils in realen Ländern wie dem Kongo, Rußland, Tibet und China, teils in fiktiven Ländern wie Syldavien, Bordurien oder dem Emirat Khemed. Ständig muß Tim gegen Schurken kämpfen. Sein ärgster Feind ist der Gangsterboß Roberto Rastapopulos, andere Widersacher sind der Rauschgiftschmuggler Allan und der Kriegstreiber und Geldfälscher Dr. J. W. Müller.

Tim wohnt zusammen mit zwei Busenfreunden, die ihn auch auf seinen Abenteuerreisen begleiten, auf Schloß Mühlenhof bei Brüssel. Der eine ist Kapitän Archibald Haddock, ein trinkfreudiger, knurriger Seemann, der durch seine Tolpatschigkeit allerlei slapstickhaftes Ungemach verursacht. Tims anderer Gefährte ist Professor Balduin Bienlein, ein genialer, schwerhöriger Erfinder. Aus den Patenterlösen seines von ihm konstruierten Klein-U-Boots konnte Haddock das Schloß kaufen, in dessen Park Professor Bienlein sein Labor betreibt. Die Abenteuer, in die sich Tim, Struppi, Haddock und Bienlein stürzen, reichen von Schatzsucherexpeditionen bis zum »Reiseziel Mond«.

Stilistisch besonders signifikant ist Hergés berühmte »Klare Linie«, die ohne Schraffuren und ohne Schatten auskommt.

Hergés Künstlername ergibt sich aus den umgedrehten Initialen »RG«, denn sein richtiger Name lautete George Prosper Remi (1907–1983). Er stammt aus der Stadt Etterbeek bei Brüssel, begann schon auf der Grundschule zu zeichnen und wurde als Junge von den Erlebnissen im katholischen Pfadfinderbund geprägt.

Von 1928 an redigierte Hergé die Kinderbeilage *Le Petit Vingtième* der katholischen belgischen Zeitung *Le XXième Siècle*, für die er zunächst Illustrationen anfertigte. Aber schon bald zeichnete er Comicstrips im amerikanischen Stil, und so erschien im Januar 1929 im *Petit Vingtième* die erste *Tim-und-Struppi*-Geschichte. Sie hieß *Tim im Lande der Sowjets* und hatte eine starke antikommunistische Tendenz. Die nächste Folge *Tim im Kongo* befürwortete den belgischen Kolonialismus und warb für die Missionierung der Eingeborenen.

Später distanzierte sich Hergé von den bedenklichen Anschauungen in diesen frühen Comics, die unter dem Einfluß von Padre Norbert Wallez, dem erzkonservativen und Mussolini nahestehenden Redaktionsleiter entstanden. Hergé änderte seine Ansichten, als er sich 1934 mit dem in Brüssel Kunst studierenden Chinesen Tschang Tschong-Jen anfreundete, und beschäftigte sich intensiver mit fremden Kulturen. Die 1934 gezeichnete und sorgfältig recherchierte Folge *Der blaue Lotos* zeugt von Hergés Sinneswandel. Von 1934 an gab der belgische Verlag Casterman Hergés Comic-Alben heraus.

Während des Zweiten Weltkriegs setzte Hergé seine *Tim-und-Struppi*-Serie in der französischsprachigen belgischen Zeitung *Le Soir* fort, die von der deutschen Besatzungsmacht kontrolliert wurde. Bei Kriegsende wurde er der Kollaboration verdächtigt und viermal inhaftiert, aber nicht verurteilt. Von 1946 an gestaltete er die Tim-und-Struppi-Reihe für die belgische Wochenzeitung *Tintin*. Im April 1950 gründete er das *Studio Hergé*, in dem mehrere Zeichenkünstler, darunter seine spätere zweite Frau Fanny Vlaminck, mitwirkten. Hergés umfangreiche Comic-Produktion war nun international gefragt.

Das Kinopublikum konnte Tim-und-Struppi-Episoden in zwei Spielfilmen (1961 und 1964) und in zwei längeren Zeichentrickfilmen (1969 und 1972) sehen. Ariola erstellte eine Hörspielreihe mit 20 Folgen. Eine französisch-kanadische Firma produzierte 1991 bis 1993 eine Fernsehserie mit 21 Folgen, die auch als DVD-Sammelbox erhältlich ist. Und seit 1988 gibt es zahlreiche Video- und Computerspiele mit Tim und Struppi.

Auf deutsch publizierte der belgische Originalverlag Casterman Hergés Alben von 1952 bis 1966 unter dem Titel *Tim, der pfiffige Reporter*. Zugleich erschienen vom Februar 1952 bis 1971 im *Hamburger Abendblatt* 16 Folgen. In den *Fix-und-Foxi*-Heften des Gevacur-Verlags erschienen 1976 bis 1978 ein Dutzend Folgen von Tim und Struppi, und etliche andere deutsche Verlage (Atar, Carlsen u. a.) druckten ebenfalls verschiedene Folgen.

Hergé starb 1983 in der Nähe von Brüssel im Alter von 75 Jahren an Anämie. Aufgrund seiner testamentarischen Verfügung durfte die Tim-und-Struppi-Reihe nach seinem Tod nicht weitergeführt werden. Sein Erbe wird seither von der Hergé-Stiftung verwaltet.

Am 2. Juni 2009 wurde in Louvain-la-Neuve vor den Toren Brüssels das 17 Millionen Euro teure Hergé-Museum eingeweiht, in dem Besucher die Originale von Hergés Werken und Erinnerungsstücke bestaunen können. Es ist das erste Museum, das eigens für einen Comic-Zeichner erbaut wurde.

Die Zeichner der Ecole Marcinelle

Brüssel gilt als Hochburg der europäischen Comics. Außer der Schule Hergé, für die ihre Ligne Claire und der *Tintin*-Verlag Lombard steht, profilierte sich die *Ecole Marcinelle* als Talentschmiede für belgische und französische Comic-Macher. Benannt ist diese Stilrichtung nach der belgischen Stadt Marcinelle, dem Standort der Verlagsgruppe *Editions Dupuis*.

Das bedeutendste Comic-Magazin von Dupuis ist seit 1938 *Spirou* (deutsch: *Eichhörnchen*), bei dem viele international erfolgreiche Zeichner und Texter von Comics mitwirkten. Heute hat Spirou eine wöchentliche Auflage von 100 000 Exemplaren. Aus der École Marcinelle gingen außer den Stars Peyo und Morris folgende *Spirou*-Künstler hervor:

- Jijé, bürgerlich Joseph Gillain (1914–1980), studierte an der Kunstakademie in Brüssel. Er war seit 1939 in leitender Position Zeichner bei Spirou und der Kopf der

Ateliergemeinschaft, förderte talentierte Zeichner und ermöglichte ihnen einen längeren Studienaufenthalt in den USA. Jijé gestaltete die Western-Comic-Serie *Jerry Spring*.

- André Franquin (1924–1997) wurde 1946 von Dupuis angestellt; er schuf den Comic-Klassiker *Spirou und Fantasio*, arbeitete aber auch für Tintin. Er wurde mit Preisen überhäuft, seine Comic-Alben verkauften sich bis 1982 zehn Millionen Mal. Er brachte sozialkritische Themen und Belange der Menschenrechte und Ökologie ein. Franquin litt von 1961 bis zu seinem Lebensende unter Depressionen, was in seiner sarkastischen, von 1977 bis 1982 gezeichneten Comic-Serie *Schwarze Gedanken* zum Ausdruck kommt.

- Maurice Tillieux (1921–1978) gestaltete bei *Spirou* die Detektiv-Comic-Serie *Gil Jourdan*, von der unter dem deutschen Titel *Jeff Jordan* 26 Storys erschienen.

- Will, bürgerlich Willy Maltaite (1927–2000), war zuerst Grafiker und Zeichner bei Spirou und von 1958 bis 1960 Art Director bei dem Konkurrenzmagazin *Tintin*. Mit Peyo kreierte er 1960 die Serie *Benni Bärenstark*.

Peyo und die Schlümpfe

Peyo, bürgerlich Pierre Culliford (1928–1992), studierte Kunst in Brüssel, wurde Kolorist bei den Trickstudios CBA und Comic-Zeichner bei Spirou, wo er die im Mittelalter spielende beliebte Reihe *Johann und Pfiffikus* schuf.

Als weitere Figuren in den Geschichten um den Pagen Johann führte Peyo im Oktober 1958 *Les Schtroumpfes* ein. Auf deutsch heißen sie *Die Schlümpfe*. Diesen Namen gab ihnen Peter Wiechmann, der von 1968 bis 1974 zuerst Heftredakteur und schließlich Redaktionsleiter im Kauka Verlag war und *Die Schlümpfe* von 1969 an zunächst als Fortsetzungsgeschichten in den *Fix-und-Foxi*-Heften brachte.

Sie drehen sich um lustige, blauhäutige und Zipfelmützen tragende Zwergengestalten, die in dem zivilisationsfernen Ort Schlumpfhausen in pilzartigen Häuschen leben und fleißig werkeln. Der Anführer *Papa Schlumpf* trägt als einziger einen Bart, eine weitere Hauptrolle spielt der Zauberer Gargamel.

Was den Leser besonders amüsiert und jahrelang zur Nachahmung angeregt hat, ist die Schlumpfsprache, in der allerlei Vokabeln mit dem Wortteil *-schlumpf* kombiniert werden. Diese Redeweise erlaubt die komischsten Wortschöpfungen, vom herumschlumpfen bis zum schlumpfigen Wetter, aber auch frivole Anspielungen wie »laß deinen Schlumpf nicht heraushängen!«.

Peyo gründete ein eigenes Produktionsstudio, in dem sein kongenialer Zeichner François Walthéry (geb. 1946) und Meisterschüler wie Derib und Gos mitarbeiteten. Seine Schlümpfe wurden ein Welterfolg. Sie kamen 1976 erstmals ins Kino und liefen von 1981 bis 1989 in den USA als Fernsehserie. Die Schlümpfe füllten 25 Comic-Alben, hinzu kamen Kurzgeschichten und Einseiter. Den deutschen Ausgaben im Kauka Verlag folgten Schlumpfereien bei den Verlagen Carlsen und Bastei.

Ein Ohrwurm wurde *Das Lied der Schlümpfe*, das der holländische Musiker Pierre Kartner 1977 komponierte und unter dem Künstlernamen *Vader Abraham* in aller

Welt im Fernsehen zusammen mit Animationsschlümpfen trällerte. Ein ähnlich schmusiges Lied hatte Kartner schon mit *Die kleine Kneipe* komponiert, das Peter Alexander zum Hit machte.

Peyo arbeitete bis zu seinem Lebensende im Jahre 1992 an den Schlümpfen, danach schlumpfte sein Sohn Thierry Culliford das Zwergenwerk fort.

Morris und Lucky Luke

Aus der Schule von Marcinelle ging auch der große belgische Comic-Zeichner Morris hervor. Sein bürgerlicher Name lautete Maurice de Bevère (1923–2001).

Der ausgebildete Zeichner hatte ein Faible für alles Amerikanische, wie auch sein Pseudonym Morris und sein fünfjähriger Studienaufenthalt in den USA zeigen. Morris wurde 1945 bei *Spirou* angestellt, und schon ein Jahr später erschien im *Almanach Spirou* die erste Comic-Geschichte über den Westernhelden *Lucky Luke*.

Morris zeichnete und schrieb die Lucky-Luke-Folgen bis 1955 selbst. Danach, von 1955 bis 1977, lieferte der Asterix-Miterfinder René Goscinny, den Morris in New York kennen- und schätzengelernt hatte, die originellen Texte. Sie sind voller Anspielungen auf bekannte Revolverhelden wie Jesse James und Wyatt Earp. Aber auch bedeutende historische Persönlichkeiten, Persiflagen auf Schauspieler in Westernfilmen und Episoden, denen wahre Begebenheiten zugrunde liegen, kommen vor. Die Hintergründe sind gut recherchiert und die Szenarien recht realistisch gezeichnet; man merkt, daß Morris und Goscinny ausgewiesene Amerikakenner waren.

Lucky Luke ist der Inbegriff des einsamen Cowboys. Er lebt im ausgehenden 19. Jahrhundert und reitet mit seinem treuen Pferd *Jolly Jumper* durch den Wilden Westen, wo er für Recht und Ordnung sorgt und immerzu gegen Schurken kämpft. Seine ärgsten Widersacher sind die vier Vetter der Dalton-Bande.

In Belgien und Frankreich erschienen die Lucky-Luke-Comics von 1946 bis 1968 in *Spirou*, danach phasenweise in verschiedenen anderen Verlagen. Auf deutsch erschienen sie von 1958 bis 1961 im Hamburger Semrau Verlag, von 1965 bis 1973 im Kauka Verlag und danach bei Koralle und Ehapa.

Neben den vielen Comic-Alben entstanden über Lucky Luke vier Zeichentrickfilme (1971 bis 2007), zwei Zeichentrickserien und zwei Spielfilme: *Lucky Luke* (1991) mit Terence Hill und *Die Daltons gegen Lucky Luke* (2004) mit Til Schweiger. Außerdem gibt es seit 1987 ein Dutzend Videospiele über den rastlosen Westernhelden, der sich nun schon seit 64 Jahren im Sattel hält.

Asterix und Obelix

Es war absehbar, daß aus der Schule belgischen Comic-Schaffens der Geistesfunke auf das Nachbarland Frankreich überspringen würde.

Eine wesentliche Mittlerrolle spielte dabei René Goscinny (1926–1977). Er wurde 1926 in Paris geboren und entstammte einer jüdischen Familie aus der polnischen Ukraine, welche die französische Staatsbürgerschaft erworben hatte. Als er zwei Jahre alt, zogen seine Eltern mit ihm aus beruflichen Gründen – sein Vater war Chemieingenieur – nach Argentinien.

In Buenos Aires besuchte René Goscinny das französische Gymnasium, wo er schon als geistreicher Spaßvogel und humoristischer Zeichner auffiel. Nach dem Abitur begann er Literaturwissenschaft und Kunst zu studieren, mußte sich aber, als sein Vater 1943 starb, nach einem Broterwerb umsehen. Er assistierte zuerst einem Werbezeichner, bewarb sich 1945 in New York vergebens als Illustrator, leistete in Frankreich seinen Wehrdienst ab und kehrte nach New York zurück. Dort arbeitete er als Zeichner bei dem Comic-Magazin MAD und lernte die ebenfalls in den USA weilenden belgischen Comic-Zeichner Morris und Jijé und zwei französische Presseagenturchefs kennen, mit denen er später zusammenarbeitete.

1950 kehrte Goscinny nach Europa zurück und betätigte sich zunächst als Comic-Macher in Brüssel. Als Zeichner war Goscinny eher mittelmäßig, und nach zwei 1950 und 1955 gezeichneten Comic-Serien legte er den Zeichenstift beiseite und widmete sich ganz dem Schreiben von Szenarien. Dank seines Esprits, seiner Belesen-

heit und seines Talentes für pointiertes Geschichten-
erzählen entwickelte sich Goscinny nun zu einem der besten und produktivsten Comic-Texter. Er arbeitete in Belgien und Frankreich für mehrere Redaktionen und an
verschiedenen Comic-Projekten. So schrieb Goscinny für
die franco-belgischen Comic-Magazine *Spirou* (ab 1952)
und *Tintin* (ab 1956), textete von 1955 bis 1977 für Morris
die Serie *Lucky Luke*, für Jean Tabary ab 1962 die Serie
Isnogud, für Marcel Gotlib ab 1962 die Satire *Les
Dingodossiers* und für Jean-Jacques Sempé den Kinder-
buchklassiker *Der kleine Nick* (1959–1965).

Die Krönung von Goscinnys Schaffen jedoch war die
kongeniale Zusammenarbeit mit dem Zeichner Albert
Uderzo.

Uderzo entstammt einer in Frankreich eingebürgerten
italienischen Familie und wurde 1927 in Fismes bei Reims
geboren. Schon als Schuljunge fiel Albert Uderzo durch
sein außerordentliches Zeichentalent auf. Allerdings hat
er einen Rot-Grün-Sehfehler, den er bis heute korrigiert,
indem er die entsprechenden roten und grünen Flächen in
seinen Zeichnungen von einer Hilfskraft kolorieren läßt.
Obendrein wurde er mit jeweils einem sechsten Finger an
jeder Hand geboren; die überflüssigen Finger ließ er ope-
rativ entfernen. Er wäre gerne Flugzeugmechaniker geworden, aber da er nach dem Schulabschluß sofort Geld
verdienen mußte, nutzte er seine Begabung, als Zeichner
für Kinderzeitschriften und die Zeitung *France Dimanche*
zu arbeiten.

Mit der Comic-Serie *Belloy, Ritter ohne Rüstung*, die
von 1948 bis 1954 lief, hatte Uderzo seinen ersten Erfolg.

Als er 1951 in einer Pariser Agentur René Goscinny begegnete, verstanden sich die beiden auf Anhieb und witzelten und blödelten um die Wette. 1952 veröffentlichten sie mit den Episoden über den Kaperkapitän Pitt Pistol ihre erste gemeinsame Comic-Serie; ihr folgten in den 1950er Jahren noch vier weitere Koproduktionen, darunter die beliebte, im Tintin-Magazin 1958 bis 1962 erschienene Comic-Reihe über den Indianer Umpah-Pah.

1959 gründeten Goscinny und Uderzo mit zwei Freunden das französische Jugendmagazin *Pilote*. Allerdings verkauften die Gründer *Pilote* aufgrund finanzieller Engpässe schon 1960 an den Verleger Georges Dargaud. Goscinny wurde später Chefredakteur und Uderzo Art Director von *Pilote*, bis beide sich 1974 im Streit von der Verlagsgruppe Dargaud trennten.

Pilote existierte von 1959 bis 1989 und bot in diesen dreißig Jahren vielen Comic-Zeichnern eine Plattform. Die bekanntesten Mitarbeiter waren die Zeichner Morris, Jijé, Tabary, Gotlib, Giraud, Chakir und Forest.

Nebenbei bemerkt hatte Jean-Claude Forest (1930–1998) einen Riesenerfolg mit seiner Comic-Serie *Barbarella*, die allerdings nicht bei *Pilote*, sondern 1962 bei dem französischen *V-Magazine* erschien. Die Science-Fiction-Story über die sexbombige Raumfahrerin Barbarella wurde mit Jane Fonda von Roger Vadim verfilmt und 1968 ein skandalöser Kinohit.

Für die am 29. Oktober 1959 erscheinende erste Ausgabe des Wochenmagazins *Pilote* suchten Goscinny und Uderzo eine Comic-Figur, die einen originellen Franzosen darstellen sollte. Goscinny plädierte für einen schmächtigen, pfiffigen Helden, Uderzo hingegen für einen kraftstrotzenden Draufgänger. Heraus kamen zwei Charaktere, die beide Merkmale vereinen – der kleine Krieger Asterix und und sein wohlbeleibter Gefährte Obelix. Und wann und wo sollten ihre Episoden spielen? Beim Erörtern historischer Eckdaten kamen sie auf die Ära Cäsars, die für die Entstehung der französischen Nation wegweisend war – folglich die Zeit der Eroberung Galliens um 50. v. Chr, in der Cäsars Erzfeind Vercingetorix dem römischen Heer unterlag.

Goscinny und Uderzo manipulierten freilich ein wenig die Geschichte, indem sie die Bewohner eines (namentlich nicht genannten) küstennahen Dorfs in der Bretagne unbezwungen lassen. Sie allein bewahren den gallischen Nationalstolz und bringen die Römer in den benachbarten Kastellen regelmäßig zur Verzweiflung – dank eines Zaubertranks, der die Dörfler bärenstark und tollkühn macht. Und wegen Vercingetorix enden alle Namen der Gallier auf die Silbe -ix: die Helden Asterix und Obelix, der Häuptling Majestix, der Druide Miraculix, der nervtötend singende Barde Troubadix, das Hündchen Idefix.

Die Angehörigen von Völkern, denen Asterix und Obelix auf ihren weiten Reisen begegnen, sind ebenfalls an speziellen Endsilben zu erkennen. Römer enden auf -us, Briten auf -ax, Goten auf -ik, Normannen auf -af, Griechen auf -as und Ägypter auf -is.

Die Verulkung von Eigenarten anderer Völker ist eine der vielen umwerfend komischen Running Gags der Asterix-Reihe. Dazu gehören auch die zahlreichen lateinischen Zitate, die witzigen Anspielungen auf bekannte

Persönlichkeiten und anachronistische Parodien auf aktuelle Zeitgeisttrends. Köstlich sind auch die Macken des gallischen Völkchens, z. B. die Vorliebe für Wildschweinbraten, die Hinkelsteinproduktion oder die Angst, daß ihnen der Himmel auf den Kopf fallen könne. Ebenso reizvoll an den Asterix-Geschichten ist, daß die historischen Hintergründe recht fundiert dargestellt werden, was Romanisten schon seit Jahrzehnten zu Nachforschungen anregt und Pädagogen als Lehrstoff benutzen. Nicht von ungefähr sind zwei Drittel der Asterix-Leser Erwachsene.

Als im Oktober 1959 im ersten *Pilote*-Magazin die Einstiegsgeschichte *Astérix le Gaulois* erschien, lief der Verkauf nur schleppend an. Erst als der Verlag Dargaud neben den Fortsetzungsgeschichten in *Pilote* auch Comic-Alben publizierte, ging es stetig bergauf. Von 1961 bis 2009 sind 34 Asterix-Bände erschienen. Sie wurden in 112 Sprachen und Dialekte übersetzt, und damit gehören Goscinny und Uderzo zu den meistübersetzten Autoren der Welt. Bisher wurden weltweit 330 Millionen Asterix-Alben verkauft. Nicht minder erfolgreich waren die zwischen 1967 und 2006 gedrehten acht Asterix-Zeichentrickfilme und die drei Asterix-Spielfilme (1999, 2002 und 2008) mit Gérard Depardieu in der Rolle des Obelix.

Die erste deutsche Version der Asterix-Geschichten erschien 1965/66 in den *Lupo*-Heften des Kauka Verlags, der die Rechte für eine freie Bearbeitung erwarb – und sie allzu frei auslegte. Rolf Kauka machte aus den Galliern Germanen und benannte Asterix und Obelix in Siggi und Babarras um.

Wegen der deutschtümelnden Verfremdung entzogen Goscinny und Uderzo dem Kauka Verlag ihre Lizenz.

Der neue deutsche Lizenzinhaber wurde und blieb bis heute der Ehapa Verlag. Das lag an seinem Manager Adolf Kabatek (1931–1997), der mit Goscinny, Uderzo und Dargaud eng befreundet war. Kabatek hatte bei Ehapa als Betreuer der von Erika Fuchs übersetzten Micky-Maus-Hefte angefangen und war von 1972 bis 1988 Geschäftsführer des Verlagshauses.

Im Dezember 1968 gab Ehapa den Premierenband *Asterix der Gallier* mit einer Startauflage von 50 000 Exemplaren heraus. Inzwischen betragen die deutschen Startauflagen jeweils circa 2,3 bis 3 Millionen. Insgesamt verkaufte Ehapa rund 110 Millionen Asterix-Alben. Eine reife Leistung, »beim Teutates!«

Maßgeblichen Anteil an der gelungenen Eindeutschung hat die Romanistin und Übersetzerin Gudrun Penndorf (geb. 1938), die für Ehapa auch die Serie *Lucky Luke* redigierte. Sie textete die Asterix-Bände bis Nr. 29 und hörte 1992 bei Ehapa auf. Anfangs von Erika Fuchs beraten, glänzte Gudrun Penndorf durch geistreiche Wortspiele. Sie erfand den legendären Spruch »Die spinnen, die Römer!« und ersann eingängige gallische Namen, die im Original anders lauten und in deutschen Ohren fremd klingen. So machte sie beispielsweise aus Abraracourcix Majestix, aus Panoramix Miraculix, aus Ordralfabétix Verleihnix und aus Assurancetourix Troubadix. Auf den Namen Grautvornix kam sie kurioserweise, als vor ihr eine klapprige Rostlaube mit dem Aufkleber »Grautvornix« fuhr.

Einen argen Schicksalsschlag mußte das Unternehmen Asterix verkraften, als René Goscinny am 5. November 1977 während einer ärztlichen Routineuntersuchung bei einem Belastungstest plötzlich an Herzversagen starb. Er wurde nur 51 Jahre alt.

Untröstlich über den Verlust des Freundes, machte Albert Uderzo zwangsläufig alleine weiter, überdies als Texter und Herausgeber. Er gründete zusammen mit Goscinnys Tochter Anne einen eigenen Verlag, *Les Éditions Albert René*, der die neuen Asterix-Bände bis zum Weiterverkauf an den Verlag Hachette herausgab. Uderzo erhielt sieben hohe Ehrungen, darunter die Goldene Leinwand und 2004 den Max-und-Moritz-Preis. Und 1989 wurde Uderzo zum Ritter der Ehrenlegion ernannt – wie es einem gallischen Kämpfer gegen römische Legionäre gebührt.

Albert Uderzo,
der Zeichner der Asterix-Comics

Quelle: Wikipedia Commons
Verwendung gemäß den Lizenzbestimmungen
der GNU für freie Dokumentation
Foto von Christian Koehn, 24. Sept. 2005

Comic-Blüte in Deutschland

Es ist irgendwie komisch, daß zwar allgemein Wilhelm Busch als Urvater der Comics gilt, aber seit ihm hierzulande ein, zwei Generationen lang keine richtigen Comics nachkamen.

E. O. Plauen

Eine Ausnahme macht Erich Ohser (1903–1944), der den Künstlernamen E. O. Plauen annahm, weil Plauen im sächsischen Vogtland seine Heimatstadt war.

E. O. Plauen wurde nach seinem Studium an der Leipziger *Akademie für graphische Künste* als Buchillustrator und Karikaturist bekannt. Da er auch Karikaturen von Hitler und Goebbels zeichnete, wurde er nach deren Machtergreifung nicht in die Reichspressekammer aufgenommen und mußte daher fortan seine Arbeiten unter dem Pseudonym e.o.plauen veröffentlichen. Er war ein enger Freund von Erich Kästner, mit dem er 1929/30 nach Paris und Rußland reiste.

Die auflagenstarke, zum Ullstein Verlag gehörende *Berliner Illustrirte Zeitung* druckte im Dezember 1934 die ersten Folgen von E. O. Plauens Comic-Geschichte *Vater und Sohn*, die bei Millionen Lesern so beliebt wurde, daß sie allwöchentlich noch drei Jahre lang lief, bis zum Dezember 1937. Außerdem druckte der *Deutsche Verlag* (vorher Ullstein) von 1935 bis 1938 drei Bände von *Vater und Sohn,* die auch in anderen Ländern erschienen. In die humvorvollen Bildgeschichten flossen manch eigene Erlebnisse Plauens mit seinem kleinen Sohn Christian ein.

Im Zweiten Weltkrieg wurde Plauen aufgrund seiner Schwerhörigkeit und einer Knieverletzung nicht zum Militär eingezogen. 1940 arbeitete er als Karikaturist bei der Wochenzeitschrift *Das Reich.* Im Sommer 1942 durfte er sogar zur Biennale nach Venedig reisen und im Deutschen Pavillon seine Karikaturen ausstellen.

In ein neues Metier kam Plauen, als er 1942 in Berlin bei der *Deutschen Zeichenfilm GmbH* als Animationsfilmzeichner angestellt wurde. Die Produktionsgesellschaft wurde 1942 von Joseph Goebbels gegründet und seinem Propagandaministerium unterstellt. Dabei hing er dem größenwahnsinnigen Traum nach, in Deutschland eine den Disney-Studios vergleichbare Zeichenfilmproduktion zu schaffen. Hitler, der ja selbst malte und ein Fan von Disney-Filmen war, bestärkte ihn darin. Bereits am 20. Dezember 1937 hatte Goebbels in seinem Tagebuch notiert: »Ich schenke dem Führer 12 Micky-Maus-Filme zu Weihnachten! Er freut sich sehr darüber. Ist ganz glücklich über diesen Schatz.«

Bei der in fünf Arbeitsgruppen aufgeteilten *Deutschen Zeichenfilm GmbH* wirkten außer E. O. Plauen hochbegabte Zeichner mit, die nach dem Krieg berühmt werden und zudem in der Trickfilmbranche eine große Rolle spielen sollten, darunter Hans Fischerkoesen (*HB-Männchen*) Manfred Schmidt (*Nick Knatterton*), Heinz Tischmeyer und Gerhard Fieber.

Das erste Projekt, an dem E. O. Plauen mitarbeitete, war der 17 Minuten dauernde Zeichentrickfilm *Armer Hansi,* der von einem Kanarienvogel handelt, der seinem Käfig entflieht, aber in der Freiheit nur Pech hat und reumütig in seinen Käfig zurückkehrt. Er kam als Vorfilm zu dem im Januar 1944 in Berlin uraufgeführten Spielfilm *Die Feuerzangenbowle* mit Heinz Rühmann in die Kinos.

E. O. Plauen wurde am 28. März 1944 infolge einer Denunziation verhaftet, doch es kam nicht mehr zur Verurteilung vor Freislers Volksgerichtshof. Erich Ohser erhängte sich am 6. April 1944 in der Haftanstalt Alt-Moabit. Sein Weggefährte Erich Knauf, den die Gestapo mitverhaftete, wurde im Mai hingerichtet.

Von 1949–1951 erschien die erste Neuauflage der drei Bände von *Vater und Sohn*, und bis heute folgten verschiedene Lizenzausgaben sowie Erich Ohsers Werkauswahl beim Südverlag.

Erich Ohser
schuf unter dem Künstlernamen E. O. Plauen
die Bildgeschichte *Vater und Sohn*

Quelle: Wikipedia Commons
Verwendung gemäß der Creative-Commons-Lizenz
Foto von Deutsches Bundesarchiv, 1943
{{BAarch-biased/de}}

Nick Knatterton

Ein mit Plauen befreundeter Kollege war der Zeichner Manfred Schmidt (1913–1999). Er hatte von 1942 bis 1944 ebenfalls bei der *Deutschen Zeichentrick GmbH* und an dem Kurzfilm *Armer Hansi* mitgewirkt. Zuvor hatte Schmidt an der Staatlichen Kunstgewerbeschule Bremen studiert und wie E. O. Plauen beim Ullstein Verlag gearbeitet. Im Krieg war er Militärkartograph und Witzezeichner für die Heereszeitung *Panzer voran.*

Als Manfred Schmidt in der Nachkriegszeit bei Rowohlts Zeitschrift *Pinguin* arbeitete und erstmals *Superman*-Comics sah, fand er die Machart so primitiv, daß er vor lauter Häme eine Comic-Parodie darauf entwarf.

Heraus kam der erste bundesrepublikanische Comicstrip: *Nick Knatterton.* Der pfeiferauchende Meisterdetektiv sieht mit seinem karierten Anzug mit Knickerbockern und Schiebermütze nicht nur wie Sherlock Holmes aus, sondern löst auch nach dessen Manier knifflige Fälle. Wenn er scharf nachdenkt, beginnt er den Satz mit »Kombiniere: …«, was bald zum geflügelten Wort wurde. Nach eigener Auskunft ist er adeliger Abstammung und heißt Nikolaus Kuno Freiherr von Knatter. Nick Knatterton ist sein Pseudonym. Manfred Schmidt setzte es aus den Namen der Kriminalromanfiguren Nick Carter und Nat Pinkerton zusammen.

Die *Nick-Knatterton*-Comics erschienen vom 3. Dezember 1950 bis 1959 wöchentlich in der Illustrierten *Quick* und ab 1952 auch in Sammelbänden. Originell daran waren nicht nur die pfiffigen Storys, sondern auch die ironischen Seitenhiebe zu Ereignissen in der Wirtschaftswunderzeit. Besonders gerne verulkte Manfred Schmidt Politiker, Behörden, Polizei und Geheimdienste.

Nick Knatterton blieb bis heute populär. Neben den Comics produzierte Manfred Schmidt in seinem eigenen Trickfilmstudio 14 Nick-Knatterton-Episoden als Kurzfilme. Außerdem drehte Hans Quest 1959 den Spielfilm *Nick Knattertons Abenteuer – der Raub der Gloria Nylon* mit Karl Lieffen in der Hauptrolle.

Comic-Freuden in der Nachkriegszeit

Auf die in der Nachkriegszeit aufwachsenden Kinder übten Comic-Hefte eine unvergleichliche Faszination aus. Am Erscheinungstag ihres jeweiligen Lieblingsheftes drängelten sie sich begierig an Kiosken und Ladentheken und gaben ihr bescheidenes Taschengeld für Comics aus. Besonders reizvoll waren die 17 x 8 cm großen Piccolohefte; das Querformat signalisierte: es kostet nur ein paar Groschen und ist spannend.

Während sich die Kinder an Comics ergötzten, empörten sich Eltern und Pädagogen über die »Schundhefte«, die angeblich die Lesekultur schädigen würden. Sie beschimpften sie als »Bild-Idiotie«, »Blasenkrankheit« und »Comic-Seuche«. Immerhin zählten Sprachpedanten in dem ach so verderblichen Comic-Wortschatz 450 Pengwörter – stöhn, knurr, ächz!

1955 befaßte sich sogar der Bundesgerichtshof mit der Grundsatzfrage, ob Comics jugendgefährdend seien – und sprach Donald Duck und Konsorten frei.

Nichtsdestotrotz wachte die im Mai 1954 geschaffene »Bundesprüfstelle für jugendgefährdende Schriften«, die dem Innenministerium in Bonn unterstand, über die Jugendverträglichkeit von Comic-Inhalten. Man stelle sich bloß Tarzan und Jane ohne Lendenschurze vor; das würde nicht nur die Gemüter erregen. Tatsächlich beantragte die Bundesprüfstelle im Juni 1954 das Verkaufsverbot von zwei Tarzan-Comics wegen des »knappen Fell-Bikinis«, wenn auch vergebens.

Aber 1961 setzten die Sittenwächter die Tarzan-Piccolohefte Nr. 12–15, 28 und 29 auf den Index. Desgleichen indizierten sie mehrere Akim-Hefte und die Sigurd-Bände 54 und 269.

Die ersten amerikanischen Nachkriegs-Comics wurden seit 1948 in deutschen Zeitungen gedruckt und von dem Syndikat *King Features* geliefert. Eines der ersten eingedeutschten US-Comics waren die *Micky-Maus*-Hefte, die ab September 1951 im Stuttgarter Ehapa Verlag erschienen. Sie erreichten 1953 die beachtliche Druckauflage von 260 000 Exemplaren.

Die Comic-Figur, die Kinder in den 1950er Jahren wohl am meisten fesselte, war Tarzan. Der Urwaldheld, der 1934 von den Nazi aus den Regalen und von der Leinwand verbannt worden war, brachte nun endlich wieder hierzulande Kinderaugen zum Glänzen. Die ersten deutschen Tarzan-Comic-Hefte wurden im September 1952 von dem Hamburger Mondial Verlag, einer Tochtergesellschaft der französischen Editions Mondiales, mit einer Startauflage von 200 000 Stück herausgegeben; sie erschienen zuerst monatlich, dann vierzehntägig. Zum Jahresanfang 1957 übernahm der Raststätter Erich Pabel Verlag die Tarzan-Reihe.

Akim

Nicht minder beliebt war *Akim*.

Die Urwaldgeschichten um Akim, der mit dem Gorilla *Kar* und dem kleineren Affen *Zig* zusammenlebt, sind zwar unverkennbar an Tarzan angelehnt, haben aber ihren eigenen Reiz und Stil. Ihr Schöpfer ist der Mailänder Zeichner Augusto Pedrazza (1923–1994). Er hatte nach seinem Grafikstudium im Kriegsjahr 1942 mit dem Comic-Zeichnen angefangen und in Italien die ersten kleineren Serien veröffentlicht. Mit Akim gelang Augusto Pedrazza und seinem Texter Roberto Renzi der große Wurf. Ihr erstes Akim-Comic-Heft wurde im Februar 1950 in Italien von dem Mailänder Verleger Marino Tomasina publiziert.

Als der Hannoveraner Verleger Walter Lehning auf einer Italienreise die ersten Piccolo-Comic-Hefte sah, war er davon so angetan, daß er von acht italienischen Piccolo-Comic-Serien deutsche Lizenzen erwarb. So kaufte er von den Edizioni Tomasina die *Akim*-Reihe und von dem Verleger Tristano Torelli die italienischen Comic-Serien *Carnera* und *El Bravo*.

Lehning beließ bei Akim zunächst alles wie im Original: Pedrazza zeichnete weiter, Renzis Texte wurden übersetzt, und auch das schmale Piccolo-Querformat blieb. Auf Deutsch erschien die Serie *Akim, der Sohn des Dschungels* vom Juli 1953 an.

Die Akim-Hefte kosteten anfangs nur 20 Pfennige und wurden bald so beliebt, daß die Auflage auf 900 000 Stück hochschnellte. Außerdem brachte Lehning 1955 unter dem Titel *Der große Akim* 21 von Pedrazza gezeichnete Großbände heraus.

Doch Lehning bekam immer wieder Ärger mit der Bundesprüfstelle, die brutale Szenen beanstandete und die Hefte 59, 66 und 72 indizierte. Nachdem die peniblen Bonner Zensoren auch das Akim-Heft Nr. 78 auf den Index gesetzt hatten, beschloß Lehning, die Serie in eigener Produktion und mit seinem Chefzeichner Hansrudi Wäscher fortzuführen, so daß sich nötigenfalls Szenen geschwind wegretuschieren ließen. So erschien vom Januar 1956 bis September 1959 die von Wäscher geprägte Reihe *Akim, Neue Abenteuer*.

Tibor

Als die Akim-Reihe mit dem Heft Nr. 196 nach einem fast vier Jahre dauernden Rechtsstreit mit dem italienischen Lizenzinhaber Tomasina eingestellt werden mußte, wartete der Lehning Verlag kurzfristig mit der Ersatzserie *Tibor* auf.

Hansrudi Wäscher gestaltete den neuen Dschungelhelden ziemlich genau nach dem Vorgänger Akim und ahmte auch gekonnt Pedrazzas Zeichenstil nach. Tibor ist der im Dschungel abgestürzte junge Millionär Gary Swanson, der in einer Hütte mit dem Gorilla Kerak und den ihn neckenden Äffchen Pip und Pop haust.

Von der ersten *Tibor*-Reihe erschienen vom September 1959 bis April 1964 insgesamt 187 Piccolo-Hefte, die zuerst 20, dann 30 Pfennige kosteten. Vom Februar 1964 bis Oktober 1956 erschienen 90 weitere Tibor-Hefte als Piccolo-Großbände.

Sigurd

Zur gleichen Zeit wie *Akim* startete der Lehning Verlag mit *Sigurd* eine weitere Erfolgsserie.

Sigurd war eine vollständig eigene Kreation von Hansrudi Wäscher und somit die erste deutsche Abenteuercomic-Reihe. Er fertigte alle Zeichnungen an und schrieb fast alle Texte. Ursprünglich hatte ihm als Titelheld der im Mittelalter spielenden Geschichte der Nibelungen-Recke Siegfried und eine Abwandlung des Nibelungenliedes vorgeschwebt, aber nach Einwänden seitens des Verlags zog er eine Story vor, die sowohl der Phantasie als auch bei der Auswahl der Schauplätze mehr Spielraum ließ. Offenbar orientierte sich Wäscher an dem Erfolgsmuster von Hal Fosters *Prinz-Eisenherz*-Comics, die seit 1951 auf deutsch erschienen.

Kurz zum Plot: Im Mittelpunkt steht der edle Ritter Sigurd von Eckbertstein, erkennbar an seiner blonden Haartolle. Seine treuen Weggefährten sind Bodo und Cassim, sein ärgster Feind ist der Ritter Laban.

Die erste Piccoloheftreihe mit den Abenteuern Sigurds erschien im Lehning Verlag vom Oktober 1953 bis Februar 1960 in 324 Piccoloheften. Von 1958 bis 1968 kam eine Reihe von 257 Großbänden hinzu. Von 1976 bis heute folgten Sigurd-Nachdrucke in den Verlagen Melzer und Hethke. Für das Sigurd-Heft Nr. 1 zahlen Liebhaber heute bis zu tausend Euro.

Hansrudi Wäscher wurde 1928 in St. Gallen geboren und wuchs zuerst in der deutschsprachigen Schweiz und nach 1940 in Hannover auf. Nach einer Lehre als Plakatmaler studierte er Gebrauchsgrafik an der Werkkunstschule. In

Hannover begegnete er Walter Lehning, der dort 1946 seinen Verlag gegründet hatte, und wurde als »Hauszeichner« sein kreativster Mitarbeiter. Dank Hansrudi Wäscher stieg der Lehning Verlag in der Nachkriegszeit zum erfolgreichsten deutschen Comic-Verlag auf.

Nach der 1968 von Lehning angemeldeten Insolvenz arbeitete Wäscher für den Bastei Verlag und ab Mitte der 1980er Jahre für den Norbert Hethke Verlag. Wäscher erhielt drei bedeutende Preise: 1999 den Deutschen Fantasy-Preis, 2008 den Max-und-Moritz-Preis und 2009 den PENG!-Preis für sein Lebenswerk.

Schmöker aus dem Lehning Verlag

In seinen Glanzseiten in den 1950er Jahren beglückte der Lehning Verlag die jugendliche Leserschaft mit etwa einem Dutzend Abenteuercomic-Serien, die in eigenen Druckereien hergestellt und in Deutschland, Österreich, Schweiz und Holland vertrieben wurden. Dazu gehörten außer Akim, Tibor und Sigurd die Heftreihen Fulgor, Carnera, El Bravo, Peterle, Gert, Harry, Falk, Nick, Roter Adler, Roy Stark, Jan Maat, Karl May und Winnetou. Die meist zweitrangigen Schmöker hinterließen jedoch keine bleibenden Eindrücke.

Erwähnenswert ist lediglich noch der Science-Fiction-Comic *Fulgor* (lateinisch: der Blitz) aus der Feder Pedrazzas, den Lehning mit dem Lizenzpaket von Tomasina erworben hatte. *Fulgor, der Weltraumflieger* kämpft gegen Außerirdische vom Mars und setzt dabei Wunderwaffen ein, darunter den tödlichen Beta-Strahl. Fulgor flog ein dreiviertel Jahr lang, vom September 1953 bis Juli 1954, durch 48 Piccolo-Hefte. Das Heft kostete zwei Groschen, heute zahlen dafür Sammler zwischen 20 und 350 Euro, wie die Preisliste des *Deutschen Comic Guide* im Jahre 2010 ausweist. Für Fulgors Nachruhm sorgte der Norbert Hethke Verlag mit drei Nachdrucken von 1978 bis 1999.

In den 1960er Jahren ließ das Interesse an Abenteuercomics zusehends nach. Das Piccoloheft-Format verschwand 1963 vom Markt, und 1968 ging der Lehning Verlag in Konkurs.

Deutsche Comic-Verlage

Außer Lehning profitierten noch andere deutsche Verlage an dem in der Nachkriegszeit einsetzenden Comic-Boom. Hier eine kleine Hitliste:

- Hal Fosters *Prinz-Eisenherz*-Comics erschienen zuerst 1951 im Badischen Verlag und ab 1952 im Aller Verlag. Der in Dänemark seit 1938 ansässige Aller Verlag produzierte außerdem von 1952 bis 1954 auf deutsch die Comic-Heftserien »Phantom« und »Buntes Allerlei«.

- Aus einer 1878 von Egmont Harald Petersen – daher der Name Ehapa (E Ha Pa) – in Kopenhagen gegründeten Druckerei ging der in der Comic-Branche bedeutende Ehapa Verlag hervor. Er saß jahrzehntelang in Stuttgart und wurde 2001 nach Berlin verlegt. Bei Ehapa erschien die Reihe der Comic-Hefte von *Micky Maus*, die anfangs auch die Donald-Duck-Geschichten enthielten, seit dem 29. August 1951.

Heute zahlen Sammler Tausende von Euro für die deutsche Originalausgabe des ersten *Micky-Maus-*

Heftes 1/1951; es hatte einst 75 Pfennige gekostet. Seit 1968 publiziert Ehapa auch die *Asterix*-Hefte, seit 1977 *Lucky Luke* und seit 2004 *Werner*.

- Der 1947 gegründete Alfons Semrau Verlag brachte bis 1961 Comic-Hefte heraus, darunter die erfolgreiche Reihe *Tom und Jerry*, die später von dem Neuen Tesloff Verlag und von dem Condor Verlag fortgeführt wurde.

- Der Bastei Verlag startete seine Sparte Comics mit der Heftreihe *Felix*, die von 1958 bis 1981 lief und 1114 Hefte und 52 Sonderhefte umfaßte. Es folgten nicht minder auflagenstarke und langlebige Comic-Serien: die von zwei belgischen Zeichnern entwickelte Reihe *Bessy* (1965–1988) über eine Collie-Hündin, der Western-Comic *Buffalo Bill* (1975–1984), *Phantom* (1974–1983) mit 238 Heften und *Gespenster-Geschichten* (1974–2006) mit 1654 Ausgaben.

  Der Bastei Verlag wurde 1949 in Köln gegründet und 1953 in die Verlagsgruppe von Gustav Lübbe eingegliedert. Inzwischen ist Bastei der größte deutsche Herausgeber von Romanheften mit Erfolgsserien wie *Jerry Cotton, Der Bergdoktor* und *Dr. Stefan Frank*.

Brösel

Rötger Feldmann wurde 1950 als Sohn eines Wasserschutzpolizisten in Lübeck-Travemünde geboren und trieb sich zeitlebens in der Flensburger Gegend herum. Aus seiner Lehre als Lithograph wurde er entlassen, weil er seine Vorgesetzten in Karikaturen verulkte. Pech hatte er auch während seiner Grundwehrdienstzeit, wo er an Tuberkulose erkrankte. In den 1970er Jahren erlangte Brösel, wie sich Rötger Feldmann mit Künstlernamen nannte, in der linken und autonomen Szene mit seiner Comic-Reihe um eine Anarcho-Familie, die »Bakuninis«, Kultstatus.

Richtig Kohle machte er mit der autobiographisch gefärbten und nach seinem zweiten Vornamen benannten Comic-Figur »Werner«, einem motorradversessenen und biersaufenden Klempnerlehrling. Die Werner-Reihe erschien zuerst 1978 im Satiremagazin *Pardon* und dann in verschiedenen Stadtzeitungen wie dem Frankfurter *Pflasterstrand*. In einem Dutzend Comic-Bücher erschien *Werner* nacheinander bei dem Semmel Verlach, dem Achterbahn-Verlag, bei Ehapa und als Nachdruck bei Heyne.

Einen Riesenerfolg mit jeweils über fünf Millionen Zuschauern hatten die beiden ersten Kinofilme *Werner – Beinhart!* (1990) und *Werner – das muß kesseln!!!* (1999). Es folgten noch die Zeichentrickfilme *Werner – Volles Rooäää!!!* (1999) und *Werner – Gekotzt wird später!* sowie im Sommer 2010 als fünfter Animationsstreifen *Werner – Eiskalt*.

Alle Werner-Comics spielen in Brösels eigenem Milieu und spiegeln seine Vorlieben wieder, insbesondere seine Motorradbasteleien und Wettrennen und seine Zechtouren. Seine ständigen Reibereien mit Polizei und TÜV enden meist in Debakeln. Dazu gehört ein eigener plattdeutscher Jugendjargon samt Wortspielen und Fäkalhumor. So heißt norddeutsches Bier »Bölkstoff«, die Polizei »Bullerei«, und statt Prost sagt man »Hau wech die Scheiße!«. Die Figuren hat Brösel seinem eigenen Umkreis entnommen, und als Schauplatz der Werner-Geschichten dient ihm die Region Angeln zwischen den Städten Flensburg und Schleswig.

Varietäten im Kauka Verlag – Fix und Foxi

Rolf Kauka (1917–2000) gilt aufgrund seiner vielfältigen Comic-Produktionen als »der deutsche Walt Disney«. Er hatte finnische Vorfahren und wurde in dem sächsischen Ort Markranstädt bei Leipzig geboren. Sein zeichnerisches Talent zeigte sich schon auf dem Gymnasium; so zeichnete er Karikaturen in sächsischen Zeitungen. Nach dem Studium der Betriebswirtschaft wurde er bei der Wehrmacht Berufsoffizier. 1947 gründete er den Kauka Verlag und verlegte zunächst Sachbücher, z. B. den *Leitfaden für Polizeibeamte* und *Elemente der Rechtswissenschaft*. Dann publizierte er Filmromane, Kriminalmagazine und 1950 die Romanserie *Billy Rocky*; 1952 kam die Sammelbildserie über den Wilden Westen hinzu und 1952 das erste Jugendheft *Colombo*.

Der Comic-Boom in der Nachkriegszeit beflügelte Rolf Kauka dazu, eigene Comics zu schaffen, aber da er die hohen Kosten nicht alleine aufbringen konnte, überließ er Druck und Vertrieb dem Rastatter Pabel Verlag. Sein erstes Comic-Heft nannte er *Till Eulenspiegel*, nach dem norddeutschen Volksnarren. In der *Eulenspiegel*-Reihe erschien im Mai 1953 Heft Nr. 6 die erste Geschichte von *Fix und Foxi*. Rolf Kauka kam zu dem ulkigen Motiv, indem er – eingedenk seiner Vorliebe für Volksmärchen – eine Variante der deutschen Fabel von Reineke Fuchs entwickelte. Die beiden kleinen Füchse wurden bald Lieblinge der Kinder, so daß Rolf Kauka ab Nr. 29 die ganze Eulenspiegel-Heftreihe in *Fix und Foxi* umbenannte.

Außer den füchsischen Zwillingsbrüdern, die man durch eine gelbe und eine blaue Latzhose voneinander unterscheiden kann, spielt Lupo eine Hauptrolle. Er ist eine Variante von Isegrim, einem Hallotri von Wolf, der in seinem schäbigen »Mäuseturm« haust und allerlei Unfug treibt. Noch andere putzige Fabelwesen erheitern das kindliche Gemüt: Oma Eusebia, Lupinchen, Onkel Fax, Kox der Rabe, Hops der Hase und Stops der Igel.

In seinen Glanzzeiten verkaufte Rolf Kauka wöchentlich 400 000 Fix-und-Foxi-Hefte. Nach seinen eigenen Angaben erschienen von Mai 1953 bis zum November 1994, also in fast vierzig Jahren, 750 Millionen Fix-und Foxi-Hefte – eine Riesenproduktion. Nach der ersten Einstellung versuchte der Tigerpress Verlag die Reihe wiederzubeleben, mußte aber mangels ausreichender Nachfrage im Juni 2009 Konkurs anmelden.

Rolf Kauka betrieb noch viele andere Comic-Projekte, darunter das höchst erfolgreiche Vorschulmagazin *Bussi Bär* mit einer Auflage von 300 000 Exemplaren. Zwischendurch verkaufte er mal seinen Verlag an ein englisch-niederländisches Konsortium, kaufte ihn wieder zurück und tätigte die verschiedensten Verlagsgeschäfte.

Gesundheitlich angeschlagen, zog sich Rolf Kauka 1982 mit seiner vierten Frau Alexandra auf seine Plantage in Thomasville im amerikanischen Bundesstaat Georgia zurück, wo er im Alter von 83 Jahren starb.

Zum Schluß und am Rande sei noch angemerkt, daß ich das Vergnügen hatte, von 1976 bis 1978 im Münchner Kauka Verlag aushilfsweise als Schlußredakteur bei der Herstellung der Fix-und-Foxi-Hefte mitzuarbeiten.

Danksagungen

Der Anstoß für dieses Buch kam jüngst durch Gespräche mit Freunden über unsere Kindheitslektüre. Am meisten inspirierten mich die kenntnisreichen Schilderungen von Rixa von Treuenfels, die in ihrer Jugend genauso lustvoll Comics verschlungen und daran ebenso lebhafte Erinnerungen bewahrt hat wie ich. Die erste hilfreiche Textbeurteilung gab mir Peter Strassl.

Vor allem verdanke ich ein sorgfältiges Redigieren meinem darin bestens geübten Basler Freund Marco Niemz, der schon mein vorhergehendes Buch »Die Geheimnisse der Kokosinsel« lektoriert und auch diesmal wieder die geringsten sachlichen Unstimmigkeiten bemerkt hat.

Georg Bremer
Im August 2011

Bildnachweise

Sämtliche Abbildungen stammen von Wikipedia Commons und sind mit entsprechenden Vermerken versehen. Die Verwendung erfolgte gemäß den Lizenzbestimmungen der GNU für freie Dokumentation.

Bibliographie – eine Auswahl

Bohn, Klaus: »Das Erika-Fuchs-Buch«, Dreidreizehn, Lüneburg, 1996

Burroughs, Edgar Rice: »Tarzan. Der Originalroman«, dtv, München, 1999

Busch, Wilhelm: »Max und Moritz. Eine Bubengeschichte in sieben Streichen«, Esslinger Verlag Schreiber, 2007

Busch, Wilhelm: »Gedichte und Bildergeschichten«, Kassette, 2 Bände, Diogenes Verlag, Zürich, 2007

Diers, Michaela: »Wilhelm Busch, Leben und Werk«, dtv, München, 2008

Dolle-Weinkauff, Bernd: »Comics«, Beltz Verlag, Weinheim, Basel, 1990

Farr, Michael: »Auf den Spuren von Tim und Struppi«, Carlsen Verlag, Hamburg, 2006

Fossati, Franco: »Das grosse illustrierte Ehapa-Comic-Lexikon«, Ehapa Verlag, Stuttgart, 1993

Foster, Harold R.: »Prinz Eisenherz«, 83 Bände, Carlsen Verlag, Hamburg, 2009

McCulley, Johnston: »Zorro. Der Originalroman«, Anaconda, Köln, 2006

Knigge, Andreas C.: »Fortsetzung folgt. Comic-Kultur in Deutschland«, Ullstein Verlag, 1986

Knigge, Andreas C.: »Comic-Lexikon«, Ullstein Verlag, Frankfurt am Main, Berlin, 1988

Knigge, Andreas C.: »Comics«, Rowohlt Taschenbuch Verlag, Reinbek, 1996

Knigge, Andreas C.: »50 Klassiker Comics«, Gerstenberg, Hildesheim, 2004

McCloud, Scott: »Comics richtig lesen«, Carlsen Verlag, Hamburg, 1994

McCloud, Scott: »Comics neu erfinden – Wie Vorstellungskraft und Technologie eine Kunstform revolutionieren«, Carlsen Verlag, Hamburg, 2001

McCloud, Scott: »Comics machen«, Carlsen Verlag, Hamburg, 2007

Plauen, E. O.: »Vater und Sohn«, 3 Bände, Südverlag, Konstanz, 1999 und 2000

Platthaus, Andreas: »Comics und Manga«, C. H. Beck Verlag, München, 2008

Schmidt, Manfred: »Nick Knatterton. Alle aufregenden Abenteuer des berühmten Meisterdetektivs«, Lappan Verlag, Oldenburg, 2007